Todos los libros de Linkgua Ediciones cuentan con modelos de Inteligencia Artificial entrenados por hispanistas. Pregúntale al chat de tu libro lo que desees acerca de la obra o su autor/a.

Para ebooks: Accede a nuestro modelo de IA a través de este enlace.

Para libros impresos: Escanea el código QR de la portada con tu dispositivo móvil.

Obtén análisis detallados de nuestros libros, resúmenes, respuestas a tus preguntas y accede a nuestras ediciones críticas generativas para una experiencia de lectura más enriquecedora.

La transparencia y el respeto hacia la autoría de las fuentes utilizadas son distintivos básicos de nuestro proyecto. Por ello, las respuestas ofrecen, mediante un sistema de citas, las fuentes con las que han sido elaboradas.

Miguel de Cervantes Saavedra

El coloquio de los perros

Barcelona 2024
Linkgua-ediciones.com

Créditos

Título original: El coloquio de los perros.

© 2024, Red ediciones S.L.

e-mail: info@linkgua.com

Diseño de cubierta: Michel Mallard.

ISBN rústica ilustrada: 978-84-9953-664-4.
ISBN tapa dura: 978-84-1126-053-4.
ISBN ebook: 978-84-9897-204-7.

Sumario

Brevísima presentación

La vida

Miguel de Cervantes Saavedra (Alcalá de Henares, 1547-Madrid, 1616). España.

Era hijo de un cirujano, Rodrigo Cervantes, y de Leonor de Cortina. Se sabe muy poco de su infancia y adolescencia. Aunque se ha confirmado que era el cuarto entre siete hermanos. Las primeras noticias que se tienen de Cervantes son de su etapa de estudiante, en Madrid.

A los veintidós años se fue a Italia, para acompañar al cardenal Acquaviva. En 1571 participó en la batalla de Lepanto, donde sufrió heridas en el pecho y la mano izquierda. Y aunque su brazo quedó inutilizado, combatió después en Corfú, Ambarino y Túnez.

En 1584 se casó con Catalina de Palacios, no fue un matrimonio afortunado. Tres años más tarde, en 1587, se trasladó a Sevilla y fue comisario de abastos. En esa ciudad sufrió cárcel varias veces por sus problemas económicos. y hacia 1603 o 1604 se fue a Valladolid, allí también fue a prisión, esta vez acusado de un asesinato. Desde 1606, tras la publicación del *Quijote*, fue reconocido como un escritor famoso y vivió en Madrid.

El coloquio de los perros

Personajes

Cipión
Berganza

El coloquio de los perros

NOVELA Y COLOQUIO QUE PASÓ ENTRE CIPIÓN Y
BERGANZA,
PERROS DEL HOSPITAL DE LA RESURRECCIÓN,
QUE ESTÁ EN LA CIUDAD DE VALLADOLID,
FUERA DE LA PUERTA DEL CAMPO,
A QUIEN COMÚNMENTE LLAMAN
«LOS PERROS DE MAHUDES»

Cipión   Berganza amigo, dejemos esta noche el Hospital en guarda de la confianza y retirémonos a esta soledad y entre estas esteras, donde podremos gozar sin ser sentidos de esta no vista merced que el cielo en un mismo punto a los dos nos ha hecho.

Berganza   Cipión hermano, óyote hablar y sé que te hablo, y no puedo creerlo, por parecerme que el hablar nosotros pasa de los términos de naturaleza.

Cipión   Así es la verdad, Berganza; y viene a ser mayor este milagro en que no solamente hablamos, sino en que hablamos con discurso, como si fuéramos capaces de razón, estando tan sin ella que la diferencia que hay del animal bruto al hombre es ser el hombre animal racional, y el bruto, irracional.

Berganza	Todo lo que dices, Cipión, entiendo, y el decirlo tú y entenderlo yo me causa nueva admiración y nueva maravilla. Bien es verdad que, en el discurso de mi vida, diversas y muchas veces he oído decir grandes prerrogativas nuestras: tanto, que parece que algunos han querido sentir que tenemos un natural distinto, tan vivo y tan agudo en muchas cosas, que da indicios y señales de faltar poco para mostrar que tenemos un no sé qué de entendimiento capaz de discurso.
Cipión	Lo que yo he oído alabar y encarecer es nuestra mucha memoria, el agradecimiento y gran fidelidad nuestra; tanto, que nos suelen pintar por símbolo de la amistad; y así, habrás visto (si has mirado en ello) que en las sepulturas de alabastro, donde suelen estar las figuras de los que allí están enterrados, cuando son marido y mujer, ponen entre los dos, a los pies, una figura de perro, en señal que se guardaron en la vida amistad y fidelidad inviolable.
Berganza	Bien sé que ha habido perros tan agradecidos que se han arrojado con los cuerpos difuntos de sus amos en la misma sepultura. Otros han estado sobre las sepulturas donde estaban enterrados sus señores sin apartarse de ellas, sin comer,

hasta que se les acababa la vida. Sé también que, después del elefante, el perro tiene el primer lugar de parecer que tiene entendimiento; luego, el caballo, y el último, la jimia.

Cipión   Ansí es, pero bien confesarás que ni has visto ni oído decir jamás que haya hablado ningún elefante, perro, caballo o mona; por donde me doy a entender que este nuestro hablar tan de improviso cae debajo del número de aquellas cosas que llaman portentos, las cuales, cuando se muestran y parecen, tiene averiguado la experiencia que alguna calamidad grande amenaza a las gentes.

Berganza   De esa manera, no haré yo mucho en tener por señal portentosa lo que oí decir los días pasados a un estudiante, pasando por Alcalá de Henares.

Cipión   ¿Qué le oíste decir?

Berganza   Que de cinco mil estudiantes que cursaban aquel año en la Universidad, los dos mil oían Medicina.

Cipión   Pues, ¿qué vienes a inferir de eso?

Berganza   Infiero, o que estos dos mil médicos han de tener enfermos que curar (que sería harta plaga y mala ventura), o ellos se han de morir de hambre.

Cipión

Pero, sea lo que fuere, nosotros hablamos, sea portento o no; que lo que el cielo tiene ordenado que suceda, no hay diligencia ni sabiduría humana que lo pueda prevenir; y así, no hay para qué ponernos a disputar nosotros cómo o por qué hablamos; mejor será que este buen día, o buena noche, la metamos en nuestra casa; y, pues la tenemos tan buena en estas esteras y no sabemos cuánto durará esta nuestra ventura, sepamos aprovecharnos de ella y hablemos toda esta noche, sin dar lugar al sueño que nos impida este gusto, de mí por largos tiempos deseado.

Berganza

Y aun de mí, que desde que tuve fuerzas para roer un hueso tuve deseo de hablar, para decir cosas que depositaba en la memoria; y allí, de antiguas y muchas, o se enmohecían o se me olvidaban. Empero, ahora, que tan sin pensarlo me veo enriquecido de este divino don de la habla, pienso gozarle y aprovecharme de él lo más que pudiere, dándome prisa a decir todo aquello que se me acordare, aunque sea atropellada y confusamente, porque no sé cuándo me volverán a pedir este bien, que por prestado tengo.

Cipión	Sea ésta la manera, Berganza amigo: que esta noche me cuentes tu vida y los trances por donde has venido al punto en que ahora te hallas, y si mañana en la noche estuviéremos con habla, yo te contaré la mía; porque mejor será gastar el tiempo en contar las propias que en procurar saber las ajenas vidas.
Berganza	Siempre, Cipión, te he tenido por discreto y por amigo; y ahora más que nunca, pues como amigo quieres decirme tus sucesos y saber los míos, y como discreto has repartido el tiempo donde podamos manifestarlos. Pero advierte primero si nos oye alguno.
Cipión	Ninguno, a lo que creo, puesto que aquí cerca está un soldado tomando sudores; pero en esta sazón más estará para dormir que para ponerse a escuchar a nadie.
Berganza	Pues si puedo hablar con ese seguro, escucha; y si te cansare lo que te fuere diciendo, o me reprende o manda que calle.
Cipión	Habla hasta que amanezca, o hasta que seamos sentidos; que yo te escucharé de muy buena gana, sin impedirte sino cuando viere ser necesario.

Berganza	«Paréceme que la primera vez que vi el Sol fue en Sevilla y en su Matadero, que está fuera de la Puerta de la Carne; por donde imaginara (si no fuera por lo que después te diré) que mis padres debieron de ser alanos de aquellos que crían los ministros de aquella confusión, a quien llaman jiferos. El primero que conocí por amo fue uno llamado Nicolás el Romo, mozo robusto, doblado y colérico, como lo son todos aquellos que ejercitan la jifería. Este tal Nicolás me enseñaba a mí y a otros cachorros a que, en compañía de alanos viejos, arremetiésemos a los toros y les hiciésemos presa de las orejas. Con mucha facilidad salí un águila en esto.»
Cipión	No me maravillo, Berganza; que, como el hacer mal viene de natural cosecha, fácilmente se aprende el hacerle.
Berganza	¿Qué te diría, Cipión hermano, de lo que vi en aquel Matadero y de las cosas exorbitantes que en él pasan? Primero, has de presuponer que todos cuantos en él trabajan, desde el menor hasta el mayor, es gente ancha de conciencia, desalmada, sin temer al Rey ni a su justicia; los más, amancebados; son aves de rapiña carniceras: mantiénense ellos y sus amigas de lo que hurtan. Todas las mañanas que son días de carne, antes que amanezca, están

en el Matadero gran cantidad de mujercillas y muchachos, todos con talegas, que, viniendo vacías, vuelven llenas de pedazos de carne, y las criadas con criadillas y lomos medio enteros. No hay res alguna que se mate de quien no lleve esta gente diezmos y primicias de lo más sabroso y bien parado. Y, como en Sevilla no hay obligado de la carne, cada uno puede traer la que quisiere; y la que primero se mata, o es la mejor, o la de más baja postura, y con este concierto hay siempre mucha abundancia. Los dueños se encomiendan a esta buena gente que he dicho, no para que no les hurten (que esto es imposible), sino para que se moderen en las tajadas y socaliñas que hacen en las reses muertas, que las escamondan y podan como si fuesen sauces o parras. Pero ninguna cosa me admiraba más ni me parecía peor que el ver que estos jiferos con la misma facilidad matan a un hombre que a una vaca; por quítame allá esa paja, a dos por tres meten un cuchillo de cachas amarillas por la barriga de una persona, como si acocotasen un toro. Por maravilla se pasa día sin pendencias y sin heridas, y a veces sin muertes; todos se pican de valientes, y aun tienen sus puntas de rufianes; no hay ninguno que no tenga su ángel de guarda en la plaza de San Francisco, granjeado con lomos y lenguas de vaca. Finalmente, oí decir a un hombre discreto que tres cosas tenía el Rey por ganar en Sevilla: la calle de la Caza, la Costanilla y el Matadero.

Cipión Si en contar las condiciones de los amos que has tenido y las faltas de sus oficios te has de estar, amigo Berganza, tanto como esta vez, menester será pedir al cielo nos conceda la habla siquiera por un año, y aun temo que, al paso que llevas, no llegarás a la mitad de tu historia. Y quiérote advertir de una cosa, de la cual verás la experiencia cuando te cuente los sucesos de mi vida; y es que los cuentos unos encierran y tienen la gracia en ellos mismos, otros en el modo de contarlos (quiero decir que algunos hay que, aunque se cuenten sin preámbulos y ornamentos de palabras, dan contento); otros hay que es menester vestirlos de palabras, y con demostraciones del rostro y de las manos, y con mudar la voz, se hacen algo de nonada, y de flojos y desmayados se vuelven agudos y gustosos; y no se te olvide este advertimiento, para aprovecharte de él en lo que te queda por decir.

Berganza Yo lo haré así, si pudiere y si me da lugar la grande tentación que tengo de hablar; aunque me parece que con grandísima dificultad me podré ir a la mano.

Cipión	Vete a la lengua, que en ella consisten los mayores daños de la humana vida.
Berganza	«Digo, pues, que mi amo me enseñó a llevar una espuerta en la boca y a defenderla de quien quitármela quisiese. Enseñóme también la casa de su amiga, y con esto se excusó la venida de su criada al Matadero, porque yo le llevaba las madrugadas lo que él había hurtado las noches. Y un día que, entre dos luces, iba yo diligente a llevarle la porción, oí que me llamaban por mi nombre desde una ventana; alcé los ojos y vi una moza hermosa en extremo; detúveme un poco, y ella bajó a la puerta de la calle, y me tornó a llamar. Lleguéme a ella, como si fuera a ver lo que me quería, que no fue otra cosa que quitarme lo que llevaba en la cesta y ponerme en su lugar un chapín viejo. Entonces dije entre mí: "La carne se ha ido a la carne." Díjome la moza, en habiéndome quitado la carne: "Andad Gavilán, o como os llamáis, y decid a Nicolás el Romo, vuestro amo, que no se fíe de animales, y que del lobo un pelo, y ése de la espuerta." Bien pudiera yo volver a quitar lo que me quitó, pero no quise, por no poner mi boca jifera y sucia en aquellas manos limpias y blancas.»

Cipión	Hiciste muy bien, por ser prerrogativa de la hermosura que siempre se le tenga respecto.
Berganza	«Así lo hice yo; y así, me volví a mi amo sin la porción y con el chapín. Parecióle que volví presto, vio el chapín, imaginó la burla, sacó uno de cachas y tiróme una puñalada que, a no desviarme, nunca tú oyeras ahora este cuento, ni aun otros muchos que pienso contarte. Puse pies en polvorosa, y, tomando el camino en las manos y en los pies, por detrás de San Bernardo, me fui por aquellos campos de Dios adonde la fortuna quisiese llevarme. »Aquella noche dormí al cielo abierto, y otro día me deparó la suerte un hato o rebaño de ovejas y carneros. Así como le vi, creí que había hallado en él el centro de mi reposo, pareciéndome ser propio y natural oficio de los perros guardar ganado, que es obra donde se encierra una virtud grande, como es amparar y defender de los poderosos y soberbios los humildes y los que poco pueden. Apenas me hubo visto uno de tres pastores que el ganado guardaban, cuando diciendo "¡To, to!" me llamó; y yo, que otra cosa no deseaba, me llegué a él bajando la cabeza y meneando la cola. Trájome la mano por el lomo, abrióme la boca, escupióme en ella, miróme las presas, conoció mi edad,

y dijo a otros pastores que yo tenía todas las señales de ser perro de casta. Llegó a este instante el señor del ganado sobre una yegua rucia a la jineta, con lanza y adarga: que más parecía atajador de la costa que señor de ganado. Preguntó el pastor: "¿Qué perro es éste, que tiene señales de ser bueno?" "Bien lo puede vuesa merced creer —respondió el pastor—, que yo le he cotejado bien y no hay señal en él que no muestre y prometa que ha de ser un gran perro. Agora se llegó aquí y no sé cúyo sea, aunque sé que no es de los rebaños de la redonda." "Pues así es —respondió el señor—, ponle luego el collar de Leoncillo, el perro que se murió, y denle la ración que a los demás, y acaríciale, porque tome cariño al hato y se quede en él." En diciendo esto, se fue; y el pastor me puso luego al cuello unas carlancas llenas de puntas de acero, habiéndome dado primero en un dornajo gran cantidad de sopas en leche. Y, asimismo, me puso nombre, y me llamó Barcino.

»Vime harto y contento con el segundo amo y con el nuevo oficio; mostréme solícito y diligente en la guarda del rebaño, sin apartarme de él sino las siestas, que me iba a pasarlas o ya a la sombra de algún árbol, o de algún ribazo o peña, o a la de alguna mata, a la margen de algún arroyo de los muchos que por allí corrían.

Y estas horas de mi sosiego no las pasaba ociosas, porque en ellas ocupaba la memoria en acordarme de muchas cosas, especialmente en la vida que había tenido en el Matadero, y en la que tenía mi amo y todos los como él, que están sujetos a cumplir los gustos impertinentes de sus amigas.»

¡Oh, qué de cosas te pudiera decir ahora de las que aprendí en la escuela de aquella jifera dama de mi amo! Pero habrélas de callar, porque no me tengas por largo y por murmurador.

Cipión   Por haber oído decir que dijo un gran poeta de los antiguos que era difícil cosa el no escribir sátiras, consentiré que murmures un poco de luz y no de sangre; quiero decir que señales y no hieras ni des mate a ninguno en cosa señalada: que no es buena la murmuración, aunque haga reír a muchos, si mata a uno; y si puedes agradar sin ella, te tendré por muy discreto.

Berganza   Yo tomaré tu consejo, y esperaré con gran deseo que llegue el tiempo en que me cuentes tus sucesos; que de quien tan bien sabe conocer y enmendar los defectos que tengo en contar los míos, bien se puede esperar que contará los suyos de manera que enseñen y deleiten a un mismo punto.

»Pero, anudando el roto hilo de mi cuento, digo que en aquel silencio y soledad de mis siestas, entre otras cosas, consideraba que no debía de ser verdad lo que había oído contar de la vida de los pastores; a lo menos, de aquellos que la dama de mi amo leía en unos libros cuando yo iba a su casa, que todos trataban de pastores y pastoras, diciendo que se les pasaba toda la vida cantando y tañendo con gaitas, zampoñas, rabeles y chirumbelas, y con otros instrumentos extraordinarios. Deteníame a oírla leer, y leía cómo el pastor de Anfriso cantaba extremada y divinamente, alabando a la sin par Belisarda, sin haber en todos los montes de Arcadia árbol en cuyo tronco no se hubiese sentado a cantar, desde que salía el Sol en los brazos de la Aurora hasta que se ponía en los de Tetis; y aun después de haber tendido la negra noche por la faz de la tierra sus negras y oscuras alas, él no cesaba de sus bien cantadas y mejor lloradas quejas. No se le quedaba entre renglones el pastor Elicio, más enamorado que atrevido, de quien decía que, sin atender a sus amores ni a su ganado, se entraba en los cuidados ajenos. Decía también que el gran pastor de Fílida, único pintor de un retrato, había sido más confiado que dichoso. De los desmayos de Sireno y arrepentimiento de Diana decía que daba gracias a Dios y a la sabia Felicia, que con su agua encantada deshizo aquella máquina de enredos y aclaró aquel laberinto de dificultades. Acordábame de otros muchos libros que de este jaez la había oído leer, pero no eran dignos de traerlos a la memoria.»

Cipión

Aprovechándote vas, Berganza, de mi aviso: murmura, pica y pasa, y sea tu intención limpia, aunque la lengua no lo parezca.

Berganza

En estas materias nunca tropieza la lengua si no cae primero la intención; pero si acaso por descuido o por malicia murmurare, responderé a quien me reprendiere lo que respondió Mauleón, poeta tonto y académico de burla de la Academia de los Imitadores, a uno que le preguntó que qué quería decir Deum de Deo; y respondió que «dé donde diere».

Cipión

Esa fue respuesta de un simple; pero tú, si eres discreto o lo quieres ser, nunca has de decir cosa de que debas dar disculpa. Di adelante.

Berganza

«Digo que todos los pensamientos que he dicho, y muchos más, me causaron ver los diferentes tratos y ejercicios que mis pastores, y todos los demás de aquella marina, tenían de aquellos que había oído leer que tenían los pastores de los libros; porque si los míos cantaban, no eran canciones acordadas y bien compuestas, sino un «Cata el lobo dó va, Juanica» y otras cosas semejantes; y esto no al son de chirumbelas, rabeles o gaitas, sino al que hacía el dar un cayado con otro o al de algunas tejuelas puestas entre los dedos; y no con voces delicadas, sonoras y admirables, sino con voces roncas, que, solas o juntas, parecía, no que cantaban, sino que gritaban o gruñían. Lo más del día se les pasaba espulgándose o remendando sus abarcas; ni entre ellos se nombraban Amarilis, Fílidas, Galateas y Dianas, ni había Lisardos, Lausos, Jacintos ni Riselos; todos eran Antones, Domingos, Pablos o Llorentes; por donde vine a entender lo que pienso que deben de creer todos: que todos aquellos libros son cosas soñadas y bien escritas para entretenimiento de los ociosos, y no verdad alguna; que, a serlo, entre mis pastores hubiera alguna reliquia de aquella felicísima vida, y de aquellos amenos prados, espaciosas selvas, sagrados montes, hermosos jardines, arroyos claros y cristalinas fuentes, y de aquellos tan honestos cuanto bien declarados requiebros, y de aquel desmayarse aquí el pastor, allí la pastora, acullá resonar la zampoña del uno, acá el caramillo del otro.»

Cipión	Basta, Berganza; vuelve a tu senda y camina.
Berganza	Agradézcotelo, Cipión amigo; porque si no me avisaras, de manera se me iba calentando la boca, que no parara hasta pintarte un libro entero de estos que me tenían engañado; pero tiempo vendrá en que lo diga todo con mejores razones y con mejor discurso que ahora.
Cipión	Mírate a los pies y desharás la rueda, Berganza; quiero decir que mires que eres un animal que carece de razón, y si ahora muestras tener alguna, ya hemos averiguado entre los dos ser cosa sobrenatural y jamás vista.
Berganza	Eso fuera ansí si yo estuviera en mi primera ignorancia; mas ahora que me ha venido a la memoria lo que te había de haber dicho al principio de nuestra plática, no solo no me maravillo de lo que hablo, pero espántome de lo que dejo de hablar.
Cipión	Pues ¿ahora no puedes decir lo que ahora se te acuerda?

Berganza	Es una cierta historia que me pasó con una grande hechicera, discípula de la Camacha de Montilla.
Cipión	Digo que me la cuentes antes que pases más adelante en el cuento de tu vida.
Berganza	Eso no haré yo, por cierto, hasta su tiempo: ten paciencia y escucha por su orden mis sucesos, que así te darán más gusto, si ya no te fatiga querer saber los medios antes de los principios.
Cipión	Sé breve, y cuenta lo que quisieres y como quisieres.
Berganza	«Digo, pues, que yo me hallaba bien con el oficio de guardar ganado, por parecerme que comía el pan de mi sudor y trabajo, y que la ociosidad, raíz y madre de todos los vicios, no tenía que ver conmigo, a causa que si los días holgaba, las noches no dormía, dándonos asaltos a menudo y tocándonos a arma los lobos; y, apenas me habían dicho los pastores "¡al lobo, Barcino!", cuando acudía, primero que los otros perros, a la parte que me señalaban que estaba el lobo: corría los valles, escudriñaba los montes, desentrañaba las selvas, saltaba barrancos, cruzaba caminos, y a la mañana volvía al hato, sin haber hallado lobo ni rastro de

él, anhelando, cansado, hecho pedazos y los pies abiertos de los garranchos; y hallaba en el hato, o ya una oveja muerta, o un carnero degollado y medio comido del lobo. Desesperábame de ver de cuán poco servía mi mucho cuidado y diligencia. Venía el señor del ganado; salían los pastores a recibirle con las pieles de la res muerta; culpaba a los pastores por negligentes, y mandaba castigar a los perros por perezosos: llovían sobre nosotros palos, y sobre ellos reprensiones; y así, viéndome un día castigado sin culpa, y que mi cuidado, ligereza y braveza no eran de provecho para coger el lobo, determiné de mudar estilo, no desviándome a buscarle, como tenía de costumbre, lejos del rebaño, sino estarme junto a él; que, pues el lobo allí venía, allí sería más cierta la presa.

»Cada semana nos tocaban a rebato, y en una oscurísima noche tuve yo vista para ver los lobos, de quien era imposible que el ganado se guardase. Agachéme detrás de una mata, pasaron los perros, mis compañeros, adelante, y desde allí oteé, y vi que dos pastores asieron de un carnero de los mejores del aprisco, y le mataron de manera que verdaderamente pareció a la mañana que había sido su verdugo el lobo. Pasméme, quedé suspenso cuando vi que los pastores eran los lobos y que despedazaban el ganado los mismos que le habían de guardar. Al punto, hacían saber a su amo la presa del lobo, dábanle el pellejo y parte de la carne, y comíanse ellos lo más y lo mejor. Volvía a reñirles el señor, y volvía también el castigo de los perros. No había lobos, menguaba el rebaño; quisiera yo descubrirlo, hallábame mudo. Todo lo cual me traía lleno de admiración y de congoja. "¡Válame Dios! —decía entre mí—, ¿quién podrá remediar esta maldad? ¿Quién será poderoso a dar a entender que la defensa ofende, que las centinelas duermen, que la confianza roba y el que os guarda os mata?"»

Cipión

Y decías muy bien, Berganza, porque no hay mayor ni más sutil ladrón que el doméstico, y así, mueren muchos más de los confiados que de los recatados; pero el daño está en que es imposible que puedan pasar bien las gentes en el mundo si no se fía y se confía. Mas quédese aquí esto, que no quiero que parezcamos predicadores. Pasa adelante.

Berganza

«Paso adelante, y digo que determiné dejar aquel oficio, aunque parecía tan bueno, y escoger otro donde por hacerle bien, ya que no fuese remunerado, no fuese castigado. Volvíme a Sevilla, y entré a servir a un mercader muy rico.»

Cipión	¿Qué modo tenías para entrar con amo? Porque, según lo que se usa, con gran dificultad el día de hoy halla un hombre de bien señor a quien servir. Muy diferentes son los señores de la tierra del Señor del cielo: aquéllos, para recibir un criado, primero le espulgan el linaje, examinan la habilidad, le marcan la apostura, y aun quieren saber los vestidos que tiene; pero, para entrar a servir a Dios, el más pobre es más rico; el más humilde, de mejor linaje; y, con solo que se disponga con limpieza de corazón a querer servirle, luego le manda poner en el libro de sus gajes, señalándoselos tan aventajados que, de muchos y de grandes, apenas pueden caber en su deseo.
Berganza	Todo eso es predicar, Cipión amigo.
Cipión	Así me lo parece a mí; y así, callo.
Berganza	A lo que me preguntaste del orden que tenía para entrar con amo, digo que ya tú sabes que la humildad es la basa y fundamento de todas virtudes, y que sin ella no hay alguna que lo sea. Ella allana inconvenientes, vence dificultades, y es un medio que siempre a gloriosos fines nos conduce; de los enemigos hace amigos, templa la cólera de los airados y me-

noscaba la arrogancia de los soberbios; es madre de la modestia y hermana de la templanza; en fin, con ella no pueden atravesar triunfo que les sea de provecho los vicios, porque en su blandura y mansedumbre se embotan y despuntan las flechas de los pecados.

»De ésta, pues, me aprovechaba yo cuando quería entrar a servir en alguna casa, habiendo primero considerado y mirado muy bien ser casa que pudiese mantener y donde pudiese entrar un perro grande. Luego arrimábame a la puerta, y cuando, a mi parecer, entraba algún forastero, le ladraba, y cuando venía el señor bajaba la cabeza y, moviendo la cola, me iba a él, y con la lengua le limpiaba los zapatos. Si me echaban a palos, sufríalos, y con la misma mansedumbre volvía a hacer halagos al que me apaleaba, que ninguno secundaba, viendo mi porfía y mi noble término. De esta manera, a dos porfías me quedaba en casa: servía bien, queríanme luego bien, y nadie me despidió, si no era que yo me despidiese, o, por mejor decir, me fuese; y tal vez hallé amo que éste fuera el día que yo estuviera en su casa, si la contraria suerte no me hubiera perseguido.»

Cipión	De la misma manera que has contado entraba yo con los amos que tuve, y parece que nos leímos los pensamientos.
Berganza	Como en esas cosas nos hemos encontrado, si no me engaño, y yo te las diré a su tiempo, como tengo prometido; y ahora escucha lo que me sucedió después que dejé el ganado en poder de aquellos perdidos.

»Volvíme a Sevilla, como dije, que es amparo de pobres y refugio de desechados, que en su grandeza no solo caben los pequeños, pero no se echan de ver los grandes. Arriméme a la puerta de una gran casa de un mercader, hice mis acostumbradas diligencias, y a pocos lances me quedé en ella. Recibiéronme para tenerme atado detrás de la puerta de día y suelto de noche; servía con gran cuidado y diligencia; ladraba a los forasteros y gruñía a los que no eran muy conocidos; no dormía de noche, visitando los corrales, subiendo a los terrados, hecho universal centinela de la mía y de las casas ajenas. Agradóse tanto mi amo de mi buen servicio, que mandó que me tratasen bien y me diesen ración de pan y los huesos que se levantasen o arrojasen de su mesa, con las sobras de la cocina, a lo que yo me mostraba agradecido, dando infinitos saltos cuando veía a mi amo, especialmente cuando venía de fuera; que eran tantas las muestras de regocijo que daba y tantos los saltos, que mi amo ordenó que me desatasen y me dejasen andar suelto de día y de noche. Como me vi suelto, corrí a él, rodeéle todo, sin osar llegarle con las manos, acordándome de la fábula de Esopo, cuando aquel asno, tan asno que quiso hacer a su señor las mismas caricias que le hacía una perrilla regalada suya, que le granjearon ser molido a palos. Parecióme que en esta fábula se nos dio a entender que las gracias y donaires de algunos no están bien en otros.» Apode el truhán, juegue de manos y voltee el histrión, rebuzne el pícaro, imite el canto de los pájaros y los diversos gestos y acciones de los animales y los hombres el hombre bajo que se hubiere dado a ello, y no lo quiera hacer el hombre principal, a quien ninguna habilidad de éstas le puede dar crédito ni nombre honroso.

Cipión   Basta; adelante, Berganza, que ya estás entendido.

Berganza   ¡Ojalá que como tú me entiendes me entendiesen aquellos por quien lo digo; que no sé qué tengo de buen natural, que me pesa infinito cuando veo que un caballero se hace chocarrero y se precia que sabe jugar los cubiletes y las agallas, y que no hay quien como él sepa bailar la chacona! Un caballero conozco yo que se alababa que, a ruegos de un sacristán, había cortado de papel treinta y dos florones para poner en un monumento sobre paños negros, y de estas cortaduras hizo tanto caudal, que así llevaba a sus amigos a verlas como si los llevara a ver las banderas y despojos de enemigos que sobre la sepultura de sus padres y abuelos estaban puestas.

»Este mercader, pues, tenía dos hijos, el uno de doce y el otro de hasta catorce años, los cuales estudiaban gramática en el estudio de la Compañía de Jesús; iban con autoridad, con ayo y con pajes, que les llevaban los libros y aquel que llaman vademécum. El verlos ir con tanto aparato, en sillas si hacía Sol, en coche si llovía, me hizo considerar y reparar en la mucha llaneza con que su padre iba a la Lonja a negociar sus negocios, porque no llevaba otro criado que un negro, y algunas veces se desmandaba a ir en un machuelo aun no bien aderezado.»

Cipión

Has de saber, Berganza, que es costumbre y condición de los mercaderes de Sevilla, y aun de las otras ciudades, mostrar su autoridad y riqueza, no en sus personas, sino en las de sus hijos; porque los mercaderes son mayores en su sombra que en sí mismos. Y, como ellos por maravilla atienden a otra cosa que a sus tratos y contratos, trátanse modestamente; y, como la ambición y la riqueza muere por manifestarse, revienta por sus hijos, y así los tratan y autorizan como si fuesen hijos de algún príncipe; y algunos hay que les procuran títulos, y ponerles en el pecho la marca que tanto distingue la gente principal de la plebeya.

Berganza   Ambición es, pero ambición generosa, la de aquel que pretende mejorar su estado sin perjuicio de tercero.

Cipión   Pocas o ninguna vez se cumple con la ambición que no sea con daño de tercero.

Berganza   Ya hemos dicho que no hemos de murmurar.

Cipión   Sí, que yo no murmuro de nadie.

Berganza   Ahora acabo de confirmar por verdad lo que muchas veces he oído decir. Acaba un maldiciente murmurador de echar a perder diez linajes y de calumniar veinte buenos, y si alguno le reprende por lo que ha dicho, responde que él no ha dicho nada, y que si ha dicho algo, no lo ha dicho por tanto, y que si pensara que alguno se había de agraviar, no lo dijera. A la fe, Cipión, mucho ha de saber, y muy sobre los estribos ha de andar el que quisiere sustentar dos horas de conversación sin tocar los límites de la murmuración; porque yo veo en mí que, con ser un animal, como soy, a cuatro razones que digo, me acuden palabras a la lengua como mosquitos al vino, y todas maliciosas y murmurantes; por lo cual vuelvo a decir lo que otra vez he dicho: que el hacer y decir mal lo heredamos de nuestros primeros padres y lo mamamos en la leche. Vese claro en que, apenas ha sacado el niño el brazo de las fajas, cuando levanta la mano con muestras de querer vengarse de quien, a su parecer, le ofende; y casi la primera palabra articulada que habla es llamar puta a su ama o a su madre.

Cipión

Así es verdad, y yo confieso mi yerro y quiero que me le perdones, pues te he perdonado tantos. Echemos pelillos a la mar, como dicen los muchachos, y no murmuremos de aquí adelante; y sigue tu cuento, que le dejaste en la autoridad con que los hijos del mercader tu amo iban al estudio de la Compañía de Jesús.

Berganza

A Él me encomiendo en todo acontecimiento; y, aunque el dejar de murmurar lo tengo por dificultoso, pienso usar de un remedio que oí decir que usaba un gran jurador, el cual, arrepentido de su mala costumbre, cada vez que después de su arrepentimiento juraba, se daba un pellizco en el brazo, o besaba la tierra, en pena de su culpa; pero, con todo esto, juraba. Así yo, cada vez que fuere contra el precepto que me has dado de que no murmure y contra la intención que tengo de no murmurar, me morderé el pico de la lengua de modo que me duela y me acuerde de mi culpa para no volver a ella.

Cipión

Tal es ese remedio, que si usas de él espero que te has de morder tantas veces que has de quedar sin lengua, y así, quedarás imposibilitado de murmurar.

Berganza

A lo menos, yo haré de mi parte mis diligencias, y supla las faltas el cielo.

»Y así, digo que los hijos de mi amo se dejaron un día un cartapacio en el patio, donde yo a la sazón estaba; y, como estaba enseñado a llevar la esportilla del jifero mi amo, así del vademécum y fuime tras ellos, con intención de no soltarle hasta el estudio. Sucedióme todo como lo deseaba: que mis amos, que me vieron venir con el vademécum en la boca, asido sutilmente de las cintas, mandaron a un paje me le quitase; mas yo no lo consentí ni le solté hasta que entré en el aula con él, cosa que causó risa a todos los estudiantes. Lleguéme al mayor de mis amos, y, a mi parecer, con mucha crianza se le puse en las manos, y quedéme sentado en cuclillas a la puerta del aula, mirando de hito en hito al maestro que en la cátedra leía. No sé qué tiene la virtud, que, con alcanzárseme a mí tan poco o nada de ella, luego recibí gusto de ver el amor, el término, la solicitud y la industria con que aquellos benditos padres y maestros enseñaban a aquellos niños, enderezando las tiernas varas de su juventud, porque no torciesen ni tomasen mal siniestro en el camino de la virtud, que juntamente con las letras les mostraban. Consideraba cómo los reñían con suavidad, los castigaban con misericordia, los animaban con ejemplos, los incitaban con premios y los sobrellevaban con cordura; y, finalmente, cómo les pintaban la fealdad y horror de los vicios y les dibujaban la hermosura de las virtudes, para que, aborrecidos ellos y amadas ellas, consiguiesen el fin para que fueron criados.»

Cipión   Muy bien dices, Berganza; porque yo he oído decir de esa bendita gente que para repúblicos del mundo no los hay tan prudentes en todo él, y para guiadores y adalides del camino del cielo, pocos les llegan. Son espejos donde se mira la honestidad, la católica doctrina, la singular prudencia, y, finalmente, la humildad profunda, basa sobre quien se levanta todo el edificio de la bienaventuranza.

Berganza

Todo es así como lo dices.

»Y, siguiendo mi historia, digo que mis amos gustaron de que les llevase siempre el vademécum, lo que hice de muy buena voluntad; con lo cual tenía una vida de rey, y aun mejor, porque era descansada, a causa que los estudiantes dieron en burlarse conmigo, y domestiquéme con ellos de tal manera, que me metían la mano en la boca y los más chiquillos subían sobre mí. Arrojaban los bonetes o sombreros, y yo se los volvía a la mano limpiamente y con muestras de grande regocijo. Dieron en darme de comer cuanto ellos podían, y gustaban de ver que, cuando me daban nueces o avellanas, las partía como mona, dejando las cáscaras y comiendo lo tierno. Tal hubo que, por hacer prueba de mi habilidad, me trajo en un pañuelo gran cantidad de ensalada, la cual comí como si fuera persona. Era tiempo de invierno, cuando campean en Sevilla los molletes y mantequillas, de quien era tan bien servido, que más de dos Antonios se empeñaron o vendieron para que yo almorzase. Finalmente, yo pasaba una vida de estudiante sin hambre y sin sarna, que es lo más que se puede encarecer para decir que era buena; porque si la sarna y la hambre no fuesen tan unas con los estudiantes, en las vidas no habría otra de más gusto y pasatiempo, porque corren parejas en ella la virtud y el gusto, y se pasa la mocedad aprendiendo y holgándose.

»De esta gloria y de esta quietud me vino a quitar una señora que, a mi parecer, llaman por ahí razón de estado; que, cuando con ella se cumple, se ha de descumplir con otras razones muchas. Es el caso que aquellos señores maestros les pareció que la media hora que hay de lección a lección la ocupaban los estudiantes, no en repasar las lecciones, sino en holgarse conmigo; y así, ordenaron a mis amos que no me llevasen más al estudio. Obedecieron, volviéronme a casa y a la antigua guarda de la puerta, y, sin acordarse señor el viejo de la merced que me había hecho de que de día y de noche anduviese suelto, volví a entregar el cuello a la cadena y el cuerpo a una esterilla que detrás de la puerta me pusieron.»

¡Ay, amigo Cipión, si supieses cuán dura cosa es de sufrir el pasar de un estado felice a un desdichado! Mira: cuando las miserias y desdichas tienen larga la corriente y son continuas, o se acaban presto, con la muerte, o la continuación de ellas hace un hábito y costumbre en padecerlas, que suele en su mayor rigor servir de alivio; mas, cuando de la suerte desdichada y calamitosa, sin pensarlo y de improviso, se sale a gozar de otra suerte próspera, venturosa y alegre, y de allí a poco se vuelve a padecer la suerte primera y a los primeros trabajos y desdichas, es un dolor tan riguroso que si no acaba la vida, es por atormentarla más viviendo.

»Digo, en fin, que volví a mi ración perruna y a los huesos que una negra de casa me arrojaba, y aun éstos me diezmaban dos gatos romanos; que, como sueltos y ligeros, érales fácil quitarme lo que no caía debajo del distrito que alcanzaba mi cadena.»

Cipión hermano, así el cielo te conceda el bien que deseas, que, sin que te enfades, me dejes ahora filosofar un poco; porque si dejase de decir las cosas que en este instante me han venido a la memoria de aquellas que entonces me ocurrieron, me parece que no sería mi historia cabal ni de fruto alguno.

Cipión

Advierte, Berganza, no sea tentación del demonio esa gana de filosofar que dices te ha venido, porque no tiene la murmuración mejor velo para paliar y encubrir su maldad disoluta que darse a entender el murmurador que todo cuanto dice son sentencias de filósofos, y que el decir mal es reprensión y el descubrir los defectos ajenos buen celo. Y no hay vida de ningún murmurante que, si la consideras y escudriñas, no la halles llena de vicios y de insolencias. Y debajo de saber esto, filosofea ahora cuanto quisieres.

Berganza

Seguro puedes estar, Cipión, de que más murmure, porque así lo tengo presupuesto.

»Es, pues, el caso, que como me estaba todo el día ocioso y la ociosidad sea madre de los pensamientos, di en repasar por la memoria algunos latines que me quedaron en ella de muchos que oí cuando fui con mis amos al estudio, con que, a mi parecer, me hallé algo más mejorado de entendimiento, y determiné, como si hablar supiera, aprovecharme de ellos en las ocasiones que se me ofreciesen; pero en manera diferente de la que se suelen aprovechar algunos ignorantes.»

Hay algunos romancistas que en las conversaciones disparan de cuando en cuando con algún latín breve y compendioso, dando a entender a los que no lo entienden que son grandes latinos, y apenas saben declinar un nombre ni conjugar un verbo.

Cipión	Por menor daño tengo ése que el que hacen los que verdaderamente saben latín, de los cuales hay algunos tan imprudentes que, hablando con un zapatero o con un sastre, arrojan latines como agua.
Berganza	De eso podremos inferir que tanto peca el que dice latines delante de quien los ignora, como el que los dice ignorándolos.
Cipión	Pues otra cosa puedes advertir, y es que hay algunos que no les excusa el ser latinos de ser asnos.
Berganza	Pues ¿quién lo duda? La razón está clara, pues cuando en tiempo de los romanos hablaban todos latín, como lengua materna suya, algún majadero habría entre ellos, a quien no excusaría el hablar latín dejar de ser necio.
Cipión	Para saber callar en romance y hablar en latín, discreción es menester, hermano Berganza.
Berganza	Así es, porque también se puede decir una necedad en latín como en romance, y yo he visto letrados tontos, y gramáticos pesados, y romancistas vareteados con sus listas de latín, que con mucha facilidad

pueden enfadar al mundo, no una sino muchas veces.

Cipión   Dejemos esto, y comienza a decir tus filosofías.

Berganza   Ya las he dicho: éstas son que acabo de decir.

Cipión   ¿Cuáles?

Berganza   Estas de los latines y romances, que yo comencé y tú acabaste.

Cipión   ¿Al murmurar llamas filosofar? ¡Así va ello! Canoniza, canoniza, Berganza, a la maldita plaga de la murmuración, y dale el nombre que quisieres, que ella dará a nosotros el de cínicos, que quiere decir perros murmuradores; y por tu vida que calles ya y sigas tu historia.

Berganza   ¿Cómo la tengo de seguir si callo?

Cipión   Quiero decir que la sigas de golpe, sin que la hagas que parezca pulpo, según la vas añadiendo colas.

Berganza   Habla con propiedad: que no se llaman colas las del pulpo.

Cipión	Ése es el error que tuvo el que dijo que no era torpedad ni vicio nombrar las cosas por sus propios nombres, como si no fuese mejor, ya que sea forzoso nombrarlas, decirlas por circunloquios y rodeos que templen la asquerosidad que causa el oírlas por sus mismos nombres. Las honestas palabras dan indicio de la honestidad del que las pronuncia o las escribe.
Berganza	Quiero creerte; «y digo que, no contenta mi fortuna de haberme quitado de mis estudios y de la vida que en ellos pasaba, tan regocijada y compuesta, y haberme puesto atraillado tras de una puerta, y de haber trocado la liberalidad de los estudiantes en la mezquindad de la negra, ordenó de sobresaltarme en lo que ya por quietud y descanso tenía.» Mira, Cipión, ten por cierto y averiguado, como yo lo tengo, que al desdichado las desdichas le buscan y le hallan, aunque se esconda en los últimos rincones de la tierra. «Dígolo porque la negra de casa estaba enamorada de un negro, asimismo esclavo de casa, el cual negro dormía en el zaguán, que es entre la puerta de la calle y la de en medio, detrás de la cual yo estaba; y no se podían juntar sino de noche, y para esto habían hurtado o contrahecho

las llaves; y así, las más de las noches bajaba la negra, y, tapándome la boca con algún pedazo de carne o queso, abría al negro, con quien se daba buen tiempo, facilitándolo mi silencio, y a costa de muchas cosas que la negra hurtaba. Algunos días me estragaron la conciencia las dádivas de la negra, pareciéndome que sin ellas se me apretarían las ijadas y daría de mastín en galgo. Pero, en efecto, llevado de mi buen natural, quise responder a lo que a mi amo debía, pues tiraba sus gajes y comía su pan, como lo deben hacer no solo los perros honrados, a quien se les da renombre de agradecidos, sino todos aquellos que sirven.»

Cipión   Esto sí, Berganza, quiero que pase por filosofía, porque son razones que consisten en buena verdad y en buen entendimiento; y adelante y no hagas soga, por no decir cola, de tu historia.

Berganza   Primero te quiero rogar me digas, si es que lo sabes, qué quiere decir filosofía; que, aunque yo la nombro, no sé lo que es; solo me doy a entender que es cosa buena.

Cipión   Con brevedad te la diré. Este nombre se compone de dos nombres griegos, que son filos y sofía; filos quiere decir amor, y sofía, la ciencia; así que filosofía significa "amor de la ciencia", y filósofo, "amador de la ciencia".

Berganza   Mucho sabes, Cipión. ¿Quién diablos te enseñó a ti nombres griegos?

Cipión   Verdaderamente, Berganza, que eres simple, pues de esto haces caso; porque éstas son cosas que las saben los niños de la escuela, y también hay quien presuma saber la lengua griega sin saberla, como la latina ignorándola.

Berganza   Eso es lo que yo digo, y quisiera que a estos tales los pusieran en una prensa, y a fuerza de vueltas les sacaran el jugo de lo que saben, porque no anduviesen engañando el mundo con el oropel de sus gregüescos rotos y sus latines falsos, como hacen los portugueses con los negros de Guinea.

Cipión   Ahora sí, Berganza, que te puedes morder la lengua, y tarazármela yo, porque todo cuanto decimos es murmurar.

Berganza   Sí, que no estoy obligado a hacer lo que he oído decir que hizo uno llamado Corondas, tirio, el cual puso ley que ninguno entrase en el ayuntamiento de su ciudad con armas, so pena de la vida. Descuidóse de esto, y otro día entró en el cabildo ceñida la espada; advirtiéronselo y, acordándose de la pena por él puesta, al momento desenvainó su espada y se pasó con ella el pecho, y fue el primero que puso y quebrantó la ley y pagó la pena. Lo que yo dije no fue poner ley, sino prometer que me mordería la lengua cuando murmurase; pero ahora no van las cosas por el tenor y rigor de las antiguas: hoy se hace una ley y mañana se rompe, y quizá conviene que así sea. Ahora promete uno de enmendarse de sus vicios, y de allí a un momento cae en otros mayores. Una cosa es alabar la disciplina y otra el darse con ella, y, en efecto, del dicho al hecho hay gran trecho. Muérdase el diablo, que yo no quiero morderme ni hacer finezas detrás de una estera, donde de nadie soy visto que pueda alabar mi honrosa determinación.

Cipión   Según eso, Berganza, si tú fueras persona, fueras hipócrita, y todas las obras que hicieras fueran aparentes, fingidas y falsas, cubiertas con la capa de la virtud, solo porque te alabaran, como todos los hipócritas hacen

Berganza   No sé lo que entonces hiciera; esto sé que quiero hacer ahora: que es no morderme, quedándome tantas cosas por decir que

	no sé cómo ni cuándo podré acabarlas; y más, estando temeroso que al salir del Sol nos hemos de quedar a oscuras, faltándonos la habla.
Cipión	Mejor lo hará el cielo. Sigue tu historia y no te desvíes del camino carretero con impertinentes digresiones; y así, por larga que sea, la acabarás presto.
Berganza	«Digo, pues, que, habiendo visto la insolencia, ladronicio y deshonestidad de los negros, determiné, como buen criado, estorbarlo, por los mejores medios que pudiese; y pude tan bien, que salí con mi intento. Bajaba la negra, como has oído, a refocilarse con el negro, fiada en que me enmudecían los pedazos de carne, pan o queso que me arrojaba...» ¡Mucho pueden las dádivas, Cipión!
Cipión	Mucho. No te diviertas, pasa adelante.
Berganza	Acuérdome que cuando estudiaba oí decir al preceptor un refrán latino, que ellos llaman adagio, que decía: *Habet bovem in lingua*.
Cipión	¡Oh, que en hora mala hayáis encajado vuestro latín! ¿Tan presto se te ha olvidado lo que poco ha dijimos contra los

que entremeten latines en las conversaciones de romance?

Berganza

Este latín viene aquí de molde; que has de saber que los atenienses usaban, entre otras, de una moneda sellada con la figura de un buey, y cuando algún juez dejaba de decir o hacer lo que era razón y justicia, por estar cohechado, decían: «Este tiene el buey en la lengua».

Cipión

La aplicación falta.

Berganza

¿No está bien clara, si las dádivas de la negra me tuvieron muchos días mudo, que ni quería ni osaba ladrarla cuando bajaba a verse con su negro enamorado? Por lo que vuelvo a decir que pueden mucho las dádivas.

Cipión

Ya te he respondido que pueden mucho, y si no fuera por no hacer ahora una larga digresión, con mil ejemplos probara lo mucho que las dádivas pueden; mas quizá lo diré, si el cielo me concede tiempo, lugar y habla para contarte mi vida.

Berganza

Dios te dé lo que deseas, y escucha. «Finalmente, mi buena intención rompió por las malas dádivas de la negra; a la cual, bajando una noche muy oscura a su acostumbrado pasatiempo, arremetí sin ladrar, porque no se alborotasen los de casa, y en un instante le hice pedazos toda la camisa y le arranqué un pedazo de muslo: burla que fue bastante a tenerla de veras más de ocho días en la cama, fingiendo para con sus amos no sé qué enfermedad. Sanó, volvió otra noche, y yo volví a la pelea con mi perra, y, sin morderla, la arañé todo el cuerpo como si la hubiera cardado como manta. Nuestras batallas eran a la sorda, de las cuales salía siempre vencedor, y la negra, malparada y peor contenta. Pero sus enojos se parecían bien en mi pelo y en mi salud: alzóseme con la ración y los huesos, y los míos poco a poco iban señalando los nudos del espinazo. Con todo esto, aunque me quitaron el comer, no me pudieron quitar el ladrar. Pero la negra, por acabarme de una vez, me trajo una esponja frita con manteca; conocí la maldad; vi que era peor que comer zarazas, porque a quien la come se le hincha el estómago y no sale de él sin llevarse tras sí la vida. Y, pareciéndome ser imposible guardarme de las asechanzas de tan indignados enemigos, acordé de poner tierra en medio, quitándomeles delante de los ojos.

»Halléme un día suelto, y sin decir adiós a ninguno de casa, me puse en la calle, y a menos de cien pasos me deparó la suerte al alguacil que dije al principio de mi historia, que era grande amigo de mi amo Nicolás el Romo; el cual, apenas me hubo visto, cuando me conoció y me llamó por mi nombre; también le conocí yo y, al llamarme, me llegué a él con mis acostumbradas ceremonias y caricias. Asióme del cuello y dijo a dos corchetes suyos: "Éste es famoso perro de ayuda, que fue de un grande amigo mío; llevémosle a casa." Holgáronse los corchetes, y dijeron que si era de ayuda a todos sería de provecho. Quisieron asirme para llevarme, y mi amo dijo que no era menester asirme, que yo me iría, porque le conocía.

»Háseme olvidado decirte que las carlancas con puntas de acero que saqué cuando me desgarré y ausenté del ganado me las quitó un gitano en una venta, y ya en Sevilla andaba sin ellas; pero el alguacil me puso un collar tachonado todo de latón morisco.»

Considera, Cipión, ahora esta rueda variable de la fortuna mía: ayer me vi estudiante y hoy me ves corchete.

Cipión

Así va el mundo, y no hay para qué te pongas ahora a exagerar los vaivenes de fortuna, como si hubiera mucha diferencia de ser mozo de un jifero a serlo de un corchete. No puedo sufrir ni llevar en paciencia oír las quejas que dan de la fortuna algunos hombres que la mayor que tuvieron fue tener premisas y esperanzas de llegar a ser escuderos. ¡Con qué maldiciones la maldicen! ¡Con cuántos improperios la deshonran! Y no por más de que porque piense el que los oye que de alta, próspera y buena ventura han venido a la desdichada y baja en que los miran.

Berganza   Tienes razón; «y has de saber que este alguacil tenía amistad con un escribano, con quien se acompañaba; estaban los dos amancebados con dos mujercillas, no de poco más a menos, sino de menos en todo; verdad es que tenían algo de buenas caras, pero mucho de desenfado y de taimería putesca. Éstas les servían de red y de anzuelo para pescar en seco, en esta forma: vestíanse de suerte que por la pinta descubrían la figura, y a tiro de arcabuz mostraban ser damas de la vida libre; andaban siempre a caza de extranjeros, y, cuando llegaba la vendeja a Cádiz y a Sevilla, llegaba la huella de su ganancia, no quedando bretón con quien no embistiesen; y, en cayendo el grasiento con alguna de estas limpias, avisaban al alguacil y al escribano adónde y a qué posada iban, y, en estando juntos, les daban asalto y los prendían por amancebados; pero nunca los llevaban a la cárcel, a causa que los extranjeros siempre redimían la vejación con dineros.

»Sucedió, pues, que la Colindres, que así se llamaba la amiga del alguacil, pescó un bretón unto y bisunto; concertó con él cena y noche en su posada; dio el cañuto a su amigo; y, apenas se habían desnudado, cuando el alguacil, el escribano, dos corchetes y yo dimos con ellos. Alborotáronse los amantes; exageró el alguacil el delito; mandólos vestir a toda prisa para llevarlos a la cárcel; afligióse el bretón; terció, movido de caridad, el escribano, y a puros ruegos redujo la pena a solos cien reales. Pidió el bretón unos follados de camuza que había puesto en una silla a los pies de la cama, donde tenía dineros para pagar su libertad, y no parecieron los follados, ni podían parecer; porque, así como yo entré en el aposento, llegó a mis narices un olor de tocino que me consoló todo; descubríle con el olfato, y halléle en una faldriquera de los follados. Digo que hallé en ella un pedazo de jamón famoso, y, por gozarle y poderle sacar sin rumor, saqué los follados a la calle, y allí me entregué en el jamón a toda mi voluntad, y cuando volví al aposento hallé que el bretón daba voces diciendo en lenguaje adúltero y bastardo, aunque se entendía, que le volviesen sus calzas, que en ellas tenía cincuenta *escuti d'oro in oro*. Imaginó el escribano o que la Colindres o los corchetes se los habían robado; el alguacil pensó lo mismo; llamólos aparte, no confesó ninguno, y diéronse al diablo todos. Viendo yo lo que pasaba, volví a la calle donde había dejado los follados, para volverlos, pues a mí no me aprovechaba nada el dinero; no los hallé, porque ya algún venturoso que pasó se los había llevado. Como el alguacil vio que el bretón no tenía dinero para el cohecho, se desesperaba, y pensó sacar de la huéspeda de casa lo que el bretón no tenía; llamóla, y vino medio desnuda, y como oyó las voces y quejas del bretón, y a la Colindres desnuda y llorando, al alguacil en cólera y al escribano enojado y a los corchetes despabilando lo que hallaban en el aposento, no le plugo mucho. Mandó el alguacil que se cubriese y se viniese con él a la cárcel, porque consentía en su casa hombres y mujeres de mal vivir. ¡Aquí fue ello! Aquí sí que fue cuando se aumentaron las voces y creció la confusión; porque dijo la huéspeda: "Señor alguacil y señor escribano, no conmigo tretas, que entreveo toda costura; no conmigo dijes ni poleos: callen la boca y váyanse con Dios; si no, por mi santiguada que arroje el bodegón por la ventana y que saque a plaza toda la chirinola de esta historia; que bien conozco a la señora Colindres y sé que ha muchos meses que es su cobertor el señor alguacil; y no hagan que me aclare más, sino vuélvase el dinero a este señor, y quedemos todos por buenos; porque yo soy mujer honrada y tengo un marido con su carta de ejecutoria, y con a *perpenan rei de memoria*, con sus colgaderos de plomo, Dios sea loado, y hago este oficio muy limpiamente y sin daño de barras. El arancel tengo clavado donde todo el mundo le vea; y no conmigo cuentos, que, por Dios, que sé despolvorearme. ¡Bonita soy yo para que por mi orden entren mujeres con los huéspedes! Ellos tienen las llaves de sus aposentos, y yo no soy quince, que tengo de ver tras siete paredes."

»Pasmados quedaron mis amos de haber oído la arenga de la huéspeda y de ver cómo les leía la historia de sus vidas; pero, como vieron que no tenían de quién sacar dinero si de ella no, porfiaban en llevarla a la cárcel. Quejábase ella al cielo de la sinrazón y justicia que la hacían, estando su marido ausente y siendo tan principal hidalgo. El bretón bramaba por sus cincuenta *escuti*. Los corchetes porfiaban que ellos no habían visto los follados, ni Dios permitiese lo tal. El escribano, por lo callado, insistía al alguacil que mirase los vestidos de la Colindres, que le daba sospecha que ella debía de tener los cincuenta *escuti*, por tener de costumbre visitar los escondrijos y faldriqueras de aquellos que con ella se envolvían. Ella decía que el bretón estaba borracho y que debía de mentir en lo del dinero. En efecto, todo era confusión, gritos y juramentos, sin llevar modo de apaciguarse, ni se apaciguaran si al instante no entrara en el aposento el teniente de asistente, que, viniendo a visitar aquella posada, las voces le llevaron adonde era la grita. Preguntó la causa de aquellas voces; la huéspeda se la dio muy por menudo: dijo quién era la ninfa Colindres, que ya estaba vestida; publicó la pública amistad suya y del alguacil; echó en la calle sus tretas y modo de robar; disculpóse a sí misma de que con su consentimiento jamás había entrado en su casa mujer de mala sospecha; canonizóse por santa y a su marido por un bendito, y dio voces a una moza que fuese corriendo y trajese de un cofre la carta ejecutoria de su marido, para que la viese el señor teniente, diciéndole que por ella echaría de ver que mujer de tan honrado marido no podía hacer cosa mala; y que si tenía aquel oficio de casa de camas, era a no poder más: que Dios sabía lo que le pesaba, y si quisiera ella tener alguna renta y pan cotidiano para pasar la vida, que tener aquel ejercicio. El teniente, enfadado de su mucho hablar y presumir de ejecutoria, le dijo: "Hermana camera, yo quiero creer que vuestro marido tiene carta de hidalguía con que vos me confeséis que es hidalgo mesonero." "Y con mucha honra —respondió la huéspeda—. Y ¿qué linaje hay en el mundo, por bueno que sea, que no tenga algún dime y direte?" "Lo que yo os digo, hermana, es que os cubráis, que habéis de venir a la cárcel." La cual nueva dio con ella en el suelo; arañóse el rostro; alzó el grito; pero, con todo eso, el teniente, demasiadamente severo, los llevó a todos a la cárcel; conviene a saber: al bretón, a la Colindres y a la huéspeda. Después supe que el bretón perdió sus cincuenta *escuti*, y más diez, en que le condenaron en las costas; la huéspeda pagó otro tanto, y la Colindres salió libre por la puerta afuera. Y el mismo día que la soltaron pescó a un marinero, que pagó por el bretón, con el mismo embuste del soplo; porque veas, Cipión, cuántos y cuán grandes inconvenientes nacieron de mi golosina.»

Cipión	Mejor dijeras de la bellaquería de tu amo.
Berganza	Pues escucha, que aún más adelante tiraban la barra, puesto que me pesa de decir mal de alguaciles y de escribanos.
Cipión	Sí, que decir mal de uno no es decirlo de todos; sí, que muchos y muy muchos escribanos hay buenos, fieles y legales, y

amigos de hacer placer sin daño de tercero; sí, que no todos entretienen los pleitos, ni avisan a las partes, ni todos llevan más de sus derechos, ni todos van buscando e inquiriendo las vidas ajenas para ponerlas en tela de juicio, ni todos se aúnan con el juez para «háceme la barba y hacerte he el copete», ni todos los alguaciles se conciertan con los vagamundos y fulleros, ni tienen todos las amigas de tu amo para sus embustes. Muchos y muy muchos hay hidalgos por naturaleza y de hidalgas condiciones; muchos no son arrojados, insolentes, ni mal criados, ni rateros, como los que andan por los mesones midiendo las espadas a los extranjeros, y, hallándolas un pelo más de la marca, destruyen a sus dueños. Sí, que no todos como prenden sueltan, y son jueces y abogados cuando quieren.

Berganza   «Más alto picaba mi amo; otro camino era el suyo; presumía de valiente y de hacer prisiones famosas; sustentaba la valentía sin peligro de su persona, pero a costa de su bolsa. Un día acometió en la Puerta de Jerez él solo a seis famosos rufianes, sin que yo le pudiese ayudar en nada, porque llevaba con un freno de cordel impedida la boca (que así me traía de día, y de noche me le quitaba). Quedé maravillado de ver su atrevimiento, su brío y su denuedo; así se entraba y salía por las seis espadas de los rufos como si fueran varas de mimbre; era cosa maravillosa ver la ligereza con que acometía, las estocadas que tiraba, los reparos, la cuenta, el ojo alerta porque no le tomasen las espaldas. Finalmente, él quedó en mi opinión y en la de todos cuantos la pendencia miraron y supieron por un nuevo Rodamonte, habiendo llevado a sus enemigos desde la Puerta de Jerez hasta los mármoles del Colegio de Mase Rodrigo, que hay más de cien pasos. Dejólos encerrados, y volvió a coger los trofeos de la batalla, que fueron tres vainas, y luego se las fue a mostrar al asistente, que, si mal no me acuerdo, lo era entonces el licenciado Sarmiento de Valladares, famoso por la destrucción de La Sauceda. Miraban a mi amo por las calles do pasaba, señalándole con el dedo, como si dijeran: "Aquél es el valiente que se atrevió a reñir solo con la flor de los bravos de la Andalucía." En dar vueltas a la ciudad, para dejarse ver, se pasó lo que quedaba del día, y la noche nos halló en Triana, en una calle junto al Molino de la Pólvora; y, habiendo mi amo avizorado (como en la jácara se dice) si alguien le veía, se entró en una casa, y yo tras él, y hallamos en un patio a todos los jayanes de la pendencia, sin capas ni espadas, y todos desabrochados; y uno, que debía de ser el huésped, tenía un gran jarro de vino en la una mano y en la otra una copa grande de taberna, la cual, colmándola de vino generoso y espumante, brindaba a toda la compañía. Apenas hubieron visto a mi amo, cuando todos se fueron a él con los brazos abiertos, y todos le brindaron, y él hizo la razón a todos, y aun la hiciera a otros tantos si le fuera algo en ello, por ser de condición afable y amigo de no enfadar a nadie por pocas cosas.»

Quererte yo contar ahora lo que allí se trató, la cena que cenaron, las peleas que se contaron, los hurtos que se refirieron, las damas que de su trato se calificaron y las que se reprobaron, las alabanzas que los unos a los otros se dieron, los bravos ausentes que se nombraron, la destreza que allí se puso en su punto, levantándose en mitad de la cena a poner en práctica las tretas que se les ofrecían, esgrimiendo con las manos, los vocablos tan exquisitos de que usaban; y, finalmente, el talle de la persona del huésped, a quien todos respetaban como a señor y padre, sería meterme en un laberinto donde no me fuese posible salir cuando quisiese.

»Finalmente, vine a entender con toda certeza que el dueño de la casa, a quien llamaban Monipodio, era encubridor de ladrones y pala de rufianes, y que la gran pendencia de mi amo había sido primero concertada con ellos, con las circunstancias del retirarse y de dejar las vainas, las cuales pagó mi amo allí, luego, de contado, con todo cuanto Monipodio dijo que había costado la cena, que se concluyó casi al amanecer, con mucho gusto de todos. Y fue su postre dar soplo a mi amo de un rufián forastero que, nuevo y flamante, había llegado a la ciudad; debía de ser más valiente que ellos, y de envidia le soplaron. Prendióle mi amo la siguiente noche, desnudo en la cama: que si vestido estuviera, yo vi en su talle que no se dejara prender tan a mansalva. Con esta prisión que sobrevino sobre la pendencia, creció la fama de mi cobarde, que lo era mi amo más que una liebre, y a fuerza de meriendas y tragos sustentaba la fama de ser valiente, y todo cuanto con su oficio y con sus inteligencias granjeaba se le iba y desaguaba por la canal de la valentía.

»Pero ten paciencia, y escucha ahora un cuento que le sucedió, sin añadir ni quitar de la verdad una tilde. Dos ladrones hurtaron en Antequera un caballo muy bueno; trajéronle a Sevilla, y para venderle sin peligro usaron de un ardid que, a mi parecer, tiene del agudo y del discreto. Fuéronse a posar a posadas diferentes, y el uno se fue a la justicia y pidió por una petición que Pedro de Losada le debía cuatrocientos reales prestados, como parecía por una cédula firmada de su nombre, de la cual hacía presentación. Mandó el teniente que el tal Losada reconociese la cédula, y que si la reconociese, le sacasen prendas de la cantidad o le pusiesen en la cárcel; tocó hacer esta diligencia a mi amo y al escribano su amigo; llevóles el ladrón a la posada del otro, y al punto reconoció su firma y confesó la deuda, y señaló por prenda de la ejecución el caballo, el cual visto por mi amo, le creció el ojo; y le marcó por suyo si acaso se vendiese. Dio el ladrón por pasados los términos de la ley, y el caballo se puso en venta y se remató en quinientos reales en un tercero que mi amo echó de manga para que se le comprase. Valía el caballo tanto y medio más de lo que dieron por él. Pero, como el bien del vendedor estaba en la brevedad de la venta, a la primer postura remató su mercaduría. Cobró el un ladrón la deuda que no le debían, y el otro la carta de pago que no había menester, y mi amo se quedó con el caballo, que para él fue peor que el Seyano lo fue para sus dueños. Mondaron luego la haza los ladrones, y, de allí a dos días, después de haber trastejado mi amo las guarniciones y otras faltas del caballo, pareció sobre él en la plaza de San Francisco, más hueco y pomposo que aldeano vestido de fiesta. Diéronle mil parabienes de la buena compra, afirmándole que valía ciento y cincuenta ducados como un huevo un maravedí; y él, volteando y revolviendo el caballo, representaba su tragedia en el teatro de la referida plaza. Y, estando en sus caracoles y rodeos, llegaron dos hombres de buen talle y de mejor ropaje, y el uno dijo: "¡Vive Dios, que éste es Piedehierro, mi caballo, que ha pocos días que me le hurtaron en Antequera!" Todos los que venían con él, que eran cuatro criados, dijeron que así era la verdad: que aquél era Piedehierro, el caballo que le habían hurtado. Pasmóse mi amo, querellóse el dueño, hubo pruebas, y fueron las que hizo el dueño tan buenas, que salió la sentencia en su favor y mi amo fue desposeído del caballo. Súpose la burla y la industria de los ladrones, que por manos e intervención de la misma justicia vendieron lo que habían hurtado, y casi todos se holgaban de que la codicia de mi amo le hubiese rompido el saco.

»Y no paró en esto su desgracia; que aquella noche, saliendo a rondar el mismo asistente, por haberle dado noticia que hacia los barrios de San Julián andaban ladrones, al pasar de una encrucijada vieron pasar un hombre corriendo, y dijo a este punto el asistente, asiéndome por el collar y zuzándome: "¡Al ladrón,

Gavilán! ¡Ea, Gavilán, hijo, al ladrón, al ladrón!" Yo, a quien ya tenían cansado las maldades de mi amo, por cumplir lo que el señor asistente me mandaba sin discrepar en nada, arremetí con mi propio amo, y sin que pudiese valerse, di con él en el suelo; y si no me le quitaran, yo hiciera a más de a cuatro vengados; quitáronme con mucha pesadumbre de entrambos. Quisieran los corchetes castigarme, y aun matarme a palos, y lo hicieran si el asistente no les dijera: "No le toque nadie, que el perro hizo lo que yo le mandé."

»Entendióse la malicia, y yo, sin despedirme de nadie, por un agujero de la muralla salí al campo, y antes que amaneciese me puse en Mairena, que es un lugar que está cuatro leguas de Sevilla. Quiso mi buena suerte que hallé allí una compañía de soldados que, según oí decir, se iban a embarcar a Cartagena. Estaban en ella cuatro rufianes de los amigos de mi amo, y el atambor era uno que había sido corchete y gran chocarrero, como lo suelen ser los más atambores. Conociéronme todos y todos me hablaron; y así, me preguntaban por mi amo como si les hubiera de responder; pero el que más afición me mostró fue el atambor, y así, determiné de acomodarme con él, si él quisiese, y seguir aquella jornada, aunque me llevase a

Italia o a Flandes; porque me parece a mí, y aun a ti te debe parecer lo mismo, que, puesto que dice el refrán «quien necio es en su villa, necio es en Castilla», el andar tierras y comunicar con diversas gentes hace a los hombres discretos.»

Cipión   Es eso tan verdad, que me acuerdo haber oído decir a un amo que tuve de bonísimo ingenio que al famoso griego llamado Ulises le dieron renombre de prudente por solo haber andado muchas tierras y comunicado con diversas gentes y varias naciones; y así, alabo la intención que tuviste de irte donde te llevasen.

Berganza   «Es, pues, el caso que el atambor, por tener con qué mostrar más sus chacorrerías, comenzó a enseñarme a bailar al son del atambor y a hacer otras monerías, tan ajenas de poder aprenderlas otro perro que no fuera yo como las oirás cuando te las diga.
»Por acabarse el distrito de la comisión, se marchaba poco a poco; no había comisario que nos limitase; el capitán era mozo, pero muy buen caballero y gran cristiano; el alférez no hacía muchos meses que había dejado la Corte y el tinelo; el sargento era matrero y sagaz y grande arriero de compañías, desde donde se levantan hasta el embarcadero. Iba la com-

pañía llena de rufianes churrulleros, los cuales hacían algunas insolencias por los lugares do pasábamos, que redundaban en maldecir a quien no lo merecía. Infelicidad es del buen príncipe ser culpado de sus súbditos por la culpa de sus súbditos, a causa que los unos son verdugos de los otros, sin culpa del señor; pues, aunque quiera y lo procure no puede remediar estos daños, porque todas o las más cosas de la guerra traen consigo aspereza, riguridad y desconveniencia.

»En fin, en menos de quince días, con mi buen ingenio y con la diligencia que puso el que había escogido por patrón, supe saltar por el Rey de Francia y a no saltar por la mala tabernera. Enseñóme a hacer corvetas como caballo napolitano y a andar a la redonda como mula de atahona, con otras cosas que, si yo no tuviera cuenta en no adelantarme a mostrarlas, pusiera en duda si era algún demonio en figura de perro el que las hacía. Púsome nombre del «perro sabio», y no habíamos llegado al alojamiento cuando, tocando su atambor, andaba por todo el lugar pregonando que todas las personas que quisiesen venir a ver las maravillosas gracias y habilidades del perro sabio en tal casa o en tal hospital las mostraban, a ocho o a cuatro maravedís, según era el pueblo grande o chico. Con estos encarecimientos no quedaba persona en todo el lugar que no me fuese a ver, y ninguno había que no saliese admirado y contento de haberme visto. Triunfaba mi amo con la mucha ganancia, y sustentaba seis camaradas como unos reyes. La codicia y la envidia despertó en los rufianes voluntad de hurtarme, y andaban buscando ocasión para ello: que esto del ganar de comer holgando tiene muchos aficionados y golosos; por esto hay tantos titereros en España, tantos que muestran retablos, tantos que venden alfileres y coplas, que todo su caudal, aunque le vendiesen todo, no llega a poderse sustentar un día; y, con esto, los unos y los otros no salen de los bodegones y tabernas en todo el año; por do me doy a entender que de otra parte que de la de sus oficios sale la corriente de sus borracheras. Toda esta gente es vagamunda, inútil y sin provecho; esponjas del vino y gorgojos del pan.»

Cipión   No más, Berganza; no volvamos a lo pasado: sigue, que se va la noche, y no querría que al salir del Sol quedásemos a la sombra del silencio.

Berganza   Tenle y escucha.
»Como sea cosa fácil añadir a lo ya inventado, viendo mi amo cuán bien sabía imitar el corcel napolitano, hízome unas

cubiertas de guadamací y una silla pequeña, que me acomodó en las espaldas, y sobre ella puso una figura liviana de un hombre con una lancilla de correr sortija, y enseñóme a correr derechamente a una sortija que entre dos palos ponía; y el día que había de correrla pregonaba que aquel día corría sortija el perro sabio y hacía otras nuevas y nunca vistas galanterías, las cuales de mi santiscario, como dicen, las hacía por no sacar mentiroso a mi amo.

»Llegamos, pues, por nuestras jornadas contadas a Montilla, villa del famoso y gran cristiano Marqués de Priego, señor de la casa de Aguilar y de Montilla. Alojaron a mi amo, porque él lo procuró, en un hospital; echó luego el ordinario bando, y, como ya la fama se había adelantado a llevar las nuevas de las habilidades y gracias del perro sabio, en menos de una hora se llenó el patio de gente. Alegróse mi amo viendo que la cosecha iba de guilla, y mostróse aquel día chacorrero en demasía. Lo primero en que comenzaba la fiesta era en los saltos que yo daba por un aro de cedazo, que parecía de cuba: conjurábame por las ordinarias preguntas, y cuando él bajaba una varilla de membrillo que en la mano tenía, era señal del salto; y cuando la tenía alta, de que me estuviese quedo. El primer conjuro de este día (memorable entre todos los de mi vida) fue decirme: "Ea, Gavilán amigo, salta por aquel viejo verde que tú conoces que se escabecha las barbas; y si no quieres, salta por la pompa y el aparato de doña Pimpinela de Plafagonia, que fue compañera de la moza gallega que servía en Valdeastillas. ¿No te cuadra el conjuro, hijo Gavilán? Pues salta por el bachiller Pasillas, que se firma licenciado sin tener grado alguno. ¡Oh, perezoso estás! ¿Por qué no saltas? Pero ya entiendo y alcanzo tus marrullerías: ahora salta por el licor de Esquivias, famoso al par del de Ciudad Real, San Martín y Ribadavia." Bajó la varilla y salté yo, y noté sus malicias y malas entrañas.

»Volvióse luego al pueblo y en voz alta dijo: "No piense vuesa merced, senado valeroso, que es cosa de burla lo que este perro sabe: veinte y cuatro piezas le tengo enseñadas que por la menor de ellas volaría un gavilán; quiero decir que por ver la menor se pueden caminar treinta leguas. Sabe bailar la zarabanda y chacona mejor que su inventora misma; bébese una azumbre de vino sin dejar gota; entona un Sol fa mi re tan bien como un sacristán; todas estas cosas, y otras muchas que me quedan por decir, las irán viendo vuesas mercedes en los días que estuviere aquí la compañía; y por ahora dé otro salto nuestro sabio, y luego entraremos en lo grueso." Con esto suspendió el auditorio, que había llamado senado, y les encendió el deseo de no dejar de ver todo lo que yo sabía.

»Volvióse a mí mi amo y dijo: "Volved, hijo Gavilán, y con gentil agilidad y destreza deshaced los saltos que habéis hecho; pero ha de ser a devoción de la famosa hechicera que dicen que hubo en este lugar." Apenas hubo dicho esto, cuando alzó la voz la hospitalera, que era una vieja, al parecer, de más de sesenta años, diciendo: "¡Bellaco, charlatán, embaidor y hijo de puta, aquí no hay hechicera alguna! Si lo decís por la Camacha, ya ella pagó su pecado, y está donde Dios se sabe; si lo decís por mí, chacorrero, ni yo soy ni he sido hechicera en mi vida; y si he tenido fama de haberlo sido, merced a los testigos falsos, y a la ley del encaje, y al juez arrojadizo y mal informado, ya sabe todo el mundo la vida que hago en penitencia, no de los hechizos que no hice, sino de otros muchos pecados: otros que como pecadora he cometido. Así que, socarrón tamborilero, salid del hospital: si no, por vida de mi santiguada que os haga salir más que de paso." Y, con esto, comenzó a dar tantos gritos y a decir tantas y tan atropelladas injurias a mi amo, que [le] puso en confusión y sobresalto; finalmente, no dejó que pasase adelante la fiesta en ningún modo. No le pesó a mi amo del alboroto, porque se quedó con los dineros y aplazó para otro día y en otro hospital lo que en aquél había faltado. Fuese la gente maldiciendo a la vieja, añadiendo al nombre de hechicera el de bruja, y el de barbuda sobre vieja. Con todo esto, nos quedamos en el hospital aquella noche; y, encontrándome la vieja en el corral solo, me dijo: "¿Eres tú, hijo Montiel? ¿Eres tú, por ventura, hijo?" Alcé la cabeza y miréla muy de espacio; lo cual visto por ella, con lágrimas en los ojos se vino a mí y me echó los brazos al cuello, y si la dejara me besara en la boca; pero tuve asco y no lo consentí.»

Cipión

Bien hiciste, porque no es regalo, sino tormento, el besar ni dejar besarse de una vieja.

Berganza

Esto que ahora te quiero contar te lo había de haber dicho al principio de mi cuento, y así excusáramos la admiración que nos causó el vernos con habla.
»Porque has de saber que la vieja me dijo. "Hijo Montiel, vente tras mí y sabrás mi aposento, y procura que esta noche nos veamos a solas en él, que yo dejaré abierta la puerta; y sabe que tengo mu-

chas cosas que decirte de tu vida y para tu provecho." Bajé yo la cabeza en señal de obedecerla, por lo cual ella se acabó de enterar en que yo era el perro Montiel que buscaba, según después me lo dijo. Quedé atónito y confuso, esperando la noche, por ver en lo que paraba aquel misterio, o prodigio, de haberme hablado la vieja; y, como había oído llamarla de hechicera, esperaba de su vista y habla grandes cosas. Llegóse, en fin, el punto de verme con ella en su aposento, que era oscuro, estrecho y bajo, y solamente claro con la débil luz de un candil de barro que en él estaba; atizóle la vieja, y sentóse sobre una arquilla, y llegóme junto a sí, y, sin hablar palabra, me volvió a abrazar, y yo volví a tener cuenta con que no me besase. Lo primero que me dijo fue:

»Bien esperaba yo en el cielo que, antes que estos mis ojos se cerrasen con el último sueño, te había de ver, hijo mío; y, ya que te he visto, venga la muerte y lléveme de esta cansada vida. Has de saber, hijo, que en esta villa vivió la más famosa hechicera que hubo en el mundo, a quien llamaron la Camacha de Montilla; fue tan única en su oficio, que las Eritos, las Circes, las Medeas, de quien he oído decir que están las historias llenas, no la igualaron. Ella congelaba las nubes cuando quería, cubriendo con ellas la faz del Sol,

73

y cuando se le antojaba volvía sereno el más turbado cielo; traía los hombres en un instante de lejas tierras, remediaba maravillosamente las doncellas que habían tenido algún descuido en guardar su entereza, cubría a las viudas de modo que con honestidad fuesen deshonestas, descasaba las casadas y casaba las que ella quería. Por diciembre tenía rosas frescas en su jardín y por enero segaba trigo. Esto de hacer nacer berros en una artesa era lo menos que ella hacía, ni el hacer ver en un espejo, o en la uña de una criatura, los vivos o los muertos que le pedían que mostrase. Tuvo fama que convertía los hombres en animales, y que se había servido de un sacristán seis años, en forma de asno, real y verdaderamente, lo que yo nunca he podido alcanzar cómo se haga, porque lo que se dice de aquellas antiguas magas, que convertían los hombres en bestias, dicen los que más saben que no era otra cosa sino que ellas, con su mucha hermosura y con sus halagos, atraían los hombres de manera a que las quisiesen bien, y los sujetaban de suerte, sirviéndose de ellos en todo cuanto querían, que parecían bestias. Pero en ti, hijo mío, la experiencia me muestra lo contrario: que sé que eres persona racional y te veo en semejanza de perro, si ya no es que esto se hace con aquella ciencia que llaman tropelía, que hace parecer una cosa por otra. Sea lo que fuere, lo que me pesa es que yo ni tu madre, que fuimos discípulas de la buena Camacha, nunca llegamos a saber tanto como ella; y no por falta de ingenio, ni de habilidad, ni de ánimo, que antes nos sobraba que faltaba, sino por sobra de su malicia, que nunca quiso enseñarnos las cosas mayores, porque las reservaba para ella.

»Tu madre, hijo, se llamó la Montiela, que después de la Camacha fue famosa; yo me llamo la Cañizares, si ya no tan sabia como las dos, a lo menos de tan buenos deseos como cualquiera de ellas. Verdad es que el ánimo que tu madre tenía de hacer y entrar en un cerco y encerrarse en él con una legión de demonios, no le hacía ventaja la misma Camacha. Yo fui siempre algo medrosilla; con conjurar media legión me contentaba, pero, con paz sea dicho de entrambas, en esto de confeccionar las unturas con que las brujas nos untamos, a ninguna de las dos diera ventaja, ni la daré a cuantas hoy siguen y guardan nuestras reglas. Que has de saber, hijo, que como yo he visto y veo que la vida, que corre sobre las ligeras alas del tiempo, se acaba, he querido dejar todos los vicios de la hechicería, en que estaba engolfada muchos años había, y solo me he quedado con la curiosidad de ser bruja, que es un vicio dificultosísimo de dejar. Tu madre hizo lo mismo: de muchos vicios se apartó, muchas buenas obras hizo en esta vida, pero al fin murió bruja; y no murió de enfermedad alguna, sino de dolor de que supo que la Camacha, su maestra, de envidia que la tuvo porque se le iba subiendo a las barbas en saber tanto como ella (o por otra pendenzuela de celos, que nunca pude averiguar), estando tu madre preñada y llegándose la hora del parto, fue su comadre la Camacha, la cual recibió en sus manos lo que tu madre parió, y mostróle que había parido dos perritos; y, así como los vio, dijo: "¡Aquí hay maldad, aquí hay bellaquería!" Pero, hermana Montiela, tu amiga soy; yo encubriré este parto, y atiende tú a estar sana, y haz cuenta que esta tu desgracia queda sepultada en el mismo silencio; no te dé pena alguna este suceso, que ya sabes tú que puedo yo saber que si no es con Rodríguez, el ganapán tu amigo, días ha que no tratas con otro; así que, este perruno parto de otra parte viene y algún misterio contiene. Admiradas quedamos tu madre y yo, que me hallé presente a todo, del extraño suceso. La Camacha se fue y se llevó los cachorros; yo me quedé con tu madre para asistir a su regalo, la cual no podía creer lo que le había sucedido.

»Llegóse el fin de la Camacha, y, estando en la última hora de su vida, llamó a tu madre y le dijo como ella había convertido a sus hijos en perros por cierto enojo que con ella tuvo; pero que no tuviese pena, que ellos volverían a su ser cuando menos lo pensasen; mas que no podía ser primero que ellos por sus mismos ojos viesen lo siguiente:

Volverán en su forma verdadera
cuando vieren con presta diligencia
derribar los soberbios levantados,
y alzar a los humildes abatidos,
con poderosa mano para hacerlo.

»Esto dijo la Camacha a tu madre al tiempo de su muerte, como ya te he dicho. Tomólo tu madre por escrito y de memoria, y yo lo fijé en la mía para si sucediese tiempo de poderlo decir a alguno de vosotros; y, para poder conoceros, a todos los perros que veo de tu color los llamo con el nombre de tu madre, no por pensar que los perros han de saber el nombre, sino por ver si respondían a ser llamados tan diferentemente como se llaman los otros perros. Y esta tarde, como te vi hacer tantas cosas y que te llaman el perro sabio, y también como alzaste la cabeza a mirarme cuando te llamé en el corral, he creído que tú eres hijo de la Montiela, a quien con grandísimo gusto doy noticia de tus sucesos y del modo con que has de cobrar tu forma primera; el cual modo quisiera yo que fuera tan fácil como el que se dice de Apuleyo en El asno de oro, que consistía en solo comer una rosa. Pero este tuyo va fundado en acciones ajenas y no en tu diligencia. Lo que has de hacer, hijo, es encomendarte a Dios allá en tu corazón, y espera que éstas, que no quiero llamarlas profecías, sino adivinanzas, han de suceder presto y prósperamente; que, pues la buena de la Camacha las dijo, sucederán sin duda alguna, y tú y tu hermano, si es vivo, os veréis como deseáis.

»De lo que a mí me pesa es que estoy tan cerca de mi acabamiento que no tendré lugar de verlo. Muchas veces he querido preguntar a mi cabrón qué fin tendrá vuestro suceso, pero no me he atrevido, porque nunca a lo que le preguntamos responde a derechas, sino con razones torcidas y de muchos sentidos. Así que, a este nuestro amo y señor no hay que preguntarle nada, porque con una verdad mezcla mil mentiras; y, a lo que yo he colegido de sus respuestas, él no sabe nada de lo por venir ciertamente, sino por conjeturas. Con todo esto, nos trae tan engañadas a las que somos brujas, que, con hacernos mil burlas, no le podemos dejar. Vamos a verle muy lejos de aquí, a un gran campo, donde nos juntamos infinidad de gente, brujos y brujas, y allí nos da de comer desabridamente, y pasan otras cosas que en verdad y en Dios y en mi ánima que no me atrevo a contarlas, según son sucias y asquerosas, y no quiero ofender tus castas orejas. Hay opinión que no vamos a estos convites sino con la fantasía, en la cual nos representa el demonio las imágenes de todas aquellas cosas que después contamos que nos han sucedido. Otros dicen que no, sino que verdaderamente vamos en cuerpo y en ánima; y entrambas opiniones tengo para mí que son verdaderas, puesto que nosotras no sabemos cuándo vamos de una o de otra manera, porque todo lo que nos pasa en la fantasía es tan intensamente que no hay diferenciarlo de cuando vamos real y verdaderamente. Algunas experiencias de esto han hecho los señores inquisidores con algunas de nosotras que han tenido presas, y pienso que han hallado ser verdad lo que digo.

»Quisiera yo, hijo, apartarme de este pecado, y para ello he hecho mis diligencias: heme acogido a ser hospitalera; curo a los pobres, y algunos se mueren que me dan a mí la vida con lo que me mandan o con lo que se les queda entre los remiendos, por el cuidado que yo tengo de espulgarlos los vestidos. Rezo poco y en público, murmuro mucho y en secreto. Vame mejor con ser hipócrita que con ser pecadora declarada: las apariencias de mis buenas obras presentes van borrando en la memoria de los que me conocen las malas obras pasadas. En efecto, la santidad fingida no hace daño a ningún tercero, sino al que la usa. Mira, hijo Montiel, este consejo te doy: "que seas bueno en todo cuanto pudieres; y si has de ser malo, procura no parecerlo en todo cuanto pudieres. Bruja soy, no te lo niego; bruja y hechicera fue tu madre, que tampoco te lo puedo negar; pero las buenas apariencias de las dos podían acreditarnos en todo el mundo. Tres días antes que muriese habíamos estado las dos en un valle de los Montes Perineos en una gran gira, y, con todo eso, cuando murió fue con tal sosiego y reposo, que si no fueron algunos visajes que hizo un cuarto de hora antes que rindiese el alma, no parecía sino que estaba en aquélla como en un tálamo de flores. Llevaba atravesados en el corazón sus dos hijos, y nunca quiso, aun en el artículo de la muerte, perdonar a la Camacha: tal era ella de entera y firme en sus cosas. Yo le cerré los ojos y fui con ella hasta la sepultura; allí la dejé para no verla más, aunque no tengo perdida la esperanza de verla antes que me muera, porque se ha dicho por el lugar que la han visto algunas personas andar por los cementerios y encrucijadas en diferentes figuras, y quizá alguna vez la toparé yo, y le preguntaré si manda que haga alguna cosa en descargo de su conciencia."

»Cada cosa de estas que la vieja me decía en alabanza de la que decía ser mi madre era una lanzada que me atravesaba el corazón, y quisiera arremeter a ella y hacerla pedazos entre los dientes; y si lo dejé de hacer fue porque no le tomase la muerte en tan mal estado. Finalmente, me dijo que aquella noche pensaba untarse para ir a uno de sus usados convites, y que cuando allá estuviese pensaba preguntar a su dueño algo de lo que estaba por sucederme. Quisiérale yo preguntar qué unturas eran aquellas que decía, y parece que me leyó el deseo, pues respondió a mi intención como si se lo hubiera preguntado, pues dijo:

»"Este ungüento con que las brujas nos untamos es compuesto de jugos de yerbas en todo extremo fríos, y no es, como dice el vulgo, hecho con la sangre de los niños que ahogamos. Aquí pudieras también preguntarme qué gusto o provecho saca el demonio de hacernos matar las criaturas tiernas, pues sabe que, estando bautizadas, como inocentes y sin pecado, se van al cielo, y él recibe pena particular con cada alma cristiana que se le escapa;

a lo que no te sabré responder otra cosa sino lo que dice el refrán: "que tal hay que se quiebra dos ojos porque su enemigo se quiebre uno"; y por la pesadumbre que da a sus padres matándoles los hijos, que es la mayor que se puede imaginar. Y lo que más le importa es hacer que nosotras cometamos a cada paso tan cruel y perverso pecado; y todo esto lo permite Dios por nuestros pecados, que sin su permisión yo he visto por experiencia que no puede ofender el diablo a una hormiga; y es tan verdad esto que, rogándole yo una vez que destruyese una viña de un mi enemigo, me respondió que ni aun tocar a una hoja de ella no podía, porque Dios no quería; por lo cual podrás venir a entender, cuando seas hombre, que todas las desgracias que vienen a las gentes, a los reinos, a las ciudades y a los pueblos: las muertes repentinas, los naufragios, las caídas, en fin, todos los males que llaman de daño, vienen de la mano del Altísimo y de su voluntad permitente; y los daños y males que llaman de culpa vienen y se causan por nosotros mismos. Dios es impecable, de do se infiere que nosotros somos autores del pecado, formándole en la intención, en la palabra y en la obra; todo permitiéndolo Dios, por nuestros pecados, como ya he dicho.

»Dirás tú ahora, hijo, si es que acaso me entiendes, que quién me hizo a mí teóloga, y aun quizá dirás entre ti: "¡Cuerpo de tal con la puta vieja! ¿Por qué no deja de ser bruja, pues sabe tanto, y se vuelve a Dios, pues sabe que está más pronto a perdonar pecados que a permitirlos?" A esto te respondo, como si me lo preguntaras, que la costumbre del vicio se vuelve en naturaleza; y éste de ser brujas se convierte en sangre y carne, y en medio de su ardor, que es mucho, trae un frío que pone en el alma tal, que la resfría y entorpece aun en la fe, de donde nace un olvido de sí misma, y ni se acuerda de los temores con que Dios la amenaza ni de la gloria con que la convida; y, en efecto, como es pecado de carne y de deleites, es fuerza que amortigüe todos los sentidos, y los embelese y absorte, sin dejarlos usar sus oficios como deben; y así, quedando el alma inútil, floja y desmazalada, no puede levantar la consideración siquiera a tener algún buen pensamiento; y así, dejándose estar sumida en la profunda sima de su miseria, no quiere alzar la mano a la de Dios, que se la está dando, por sola su misericordia, para que se levante. Yo tengo una de estas almas que te he pintado: todo lo veo y todo lo entiendo, y como el deleite me tiene echados grillos a la voluntad, siempre he sido y seré mala.

»Pero dejemos esto y volvamos a lo de las unturas; y digo que son tan frías, que nos privan de todos los sentidos en untándonos con ellas, y quedamos tendidas y desnudas en el suelo, y entonces dicen que en la fantasía pasamos todo aquello que nos parece pasar verdaderamente. Otras veces, acabadas de untar, a nuestro parecer, mudamos forma, y convertidas en gallos, lechuzas o cuervos, vamos al lugar donde nuestro dueño nos espera, y allí cobramos nuestra primera forma y gozamos de los deleites que te dejo de decir, por ser tales, que la memoria se escandaliza en acordarse de ellos, y así, la lengua huye de contarlos; y, con todo esto, soy bruja, y cubro con la capa de la hipocresía todas mis muchas faltas. Verdad es que si algunos me estiman y honran por buena, no faltan muchos que me dicen, no dos dedos del oído, el nombre de las fiestas, que es el que les imprimió la furia de un juez colérico que en los tiempos pasados tuvo que ver conmigo y con tu madre, depositando su ira en las manos de un verdugo que, por no estar sobornado, usó de toda su plena potestad y rigor con nuestras espaldas. Pero esto ya pasó, y todas las cosas se pasan; las memorias se acaban, las vidas no vuelven, las lenguas se cansan, los sucesos nuevos hacen olvidar los pasados.

Hospitalera soy, buenas muestras doy de mi proceder, buenos ratos me dan mis unturas, no soy tan vieja que no pueda vivir un año, puesto que tengo setenta y cinco; y, ya que no puedo ayunar, por la edad, ni rezar, por los vaguidos, ni andar romerías, por la flaqueza de mis piernas, ni dar limosna, porque soy pobre, ni pensar en bien, porque soy amiga de murmurar, y para haberlo de hacer es forzoso pensarlo primero, así que siempre mis pensamientos han de ser malos, con todo esto, sé que Dios es bueno y misericordioso y que Él sabe lo que ha de ser de mí, y basta; y quédese aquí esta plática, que verdaderamente me entristece. Ven, hijo, y verásme untar, que todos los duelos con pan son buenos, el buen día, meterle en casa, pues mientras se ríe no se llora; quiero decir que, aunque los gustos que nos da el demonio son aparentes y falsos, todavía nos parecen gustos, y el deleite mucho mayor es imaginado que gozado, aunque en los verdaderos gustos debe de ser al contrario.

»Levantóse, en diciendo esta larga arenga, y, tomando el candil, se entró en otro aposentillo más estrecho; seguíla, combatido de mil varios pensamientos y admirado de lo que había oído y de lo que esperaba ver. Colgó la Cañizares el candil de la pared y con mucha prisa se desnudó hasta la camisa; y, sacando de un rincón una olla vidriada, metió en ella la mano, y, murmurando entre dientes, se untó desde los pies a la cabeza, que tenía sin toca. Antes que se acabase de untar me dijo que, ora se quedase su cuerpo en aquel aposento sin sentido, ora desapareciese de él, que no me espantase, ni dejase de aguardar allí hasta la mañana, porque sabría las nuevas de lo que me quedaba por pasar hasta ser hombre. Díjele bajando la cabeza que sí haría, y con esto acabó su untura y se tendió en el suelo como muerta. Llegué mi boca a la suya y vi que no respiraba poco ni mucho.»

Una verdad te quiero confesar, Cipión amigo: que me dio gran temor verme encerrado en aquel estrecho aposento con aquella figura delante, la cual te la pintaré como mejor supiere.

»Ella era larga de más de siete pies; toda era notomía de huesos, cubiertos con una piel negra, vellosa y curtida; con la barriga, que era de badana, se cubría las partes deshonestas, y aun le colgaba hasta la mitad de los muslos; las tetas semejaban dos vejigas de vaca secas y arrugadas; denegridos los labios, traspillados los dientes, la nariz corva y entablada, desencasados los ojos, la cabeza desgreñada, la mejillas chupadas, angosta la garganta y los pechos sumidos; finalmente, toda era flaca y endemoniada. Púseme de espacio a mirarla y aprisa comenzó a apoderarse de mí el miedo, considerando la mala visión de su cuerpo y la peor ocupación de su alma. Quise morderla, por ver si volvía en sí, y no hallé parte en toda ella que el asco no me lo estorbase; pero, con todo esto, la así de un carcaño y la saqué arrastrando al patio; mas ni por esto dio muestras de tener sentido. Allí, con mirar el cielo y verme en parte ancha, se me quitó el temor; a lo menos, se templó de manera que tuve ánimo de esperar a ver en lo que paraba la ida y vuelta de aquella mala hembra, y lo que me contaba de mis sucesos. En esto me preguntaba yo a mí mismo: "¿quién hizo a esta mala vieja tan discreta y tan mala? ¿De dónde sabe ella cuáles son males de daño y cuáles de culpa? ¿Cómo entiende y habla tanto de Dios, y obra tanto del diablo? ¿Cómo peca tan de malicia, no excusándose con ignorancia?"

»En estas consideraciones se pasó la noche y se vino el día, que nos halló a los dos en mitad del patio: ella no vuelta en sí y a mí junto a ella, en cuclillas, atento, mirando su espantosa y fea catadura. Acudió la gente del hospital, y, viendo aquel retablo, unos decían: "Ya la bendita Cañizares es muerta; mirad cuán desfigurada y flaca la tenía la penitencia"; otros, más considerados, la tomaron el pulso, y vieron que le tenía, y que no era muerta, por do se dieron a entender que estaba en éxtasis y arrobada, de puro buena. Otros hubo que dijeron: "Esta puta vieja sin duda debe de ser bruja, y debe de estar untada; que nunca los santos hacen tan deshonestos arrobos, y hasta ahora, entre los que la conocemos, más fama tiene de bruja que de santa." Curiosos hubo que se llegaron a hincarle alfileres por las carnes, desde la punta hasta la cabeza: ni por eso recordaba la dormilona, ni volvió en sí hasta las siete del día; y, como se sintió acribada de los alfileres, y mordida de los carcañares, y magullada del arrastramiento fuera de su aposento, y a vista de tantos ojos que la estaban mirando, creyó, y creyó la verdad, que yo había sido el autor de su deshonra; y así, arremetió a mí, y, echándome ambas manos a la garganta, procuraba ahogarme diciendo: "¡Oh bellaco, desagradecido, ignorante y malicioso! ¿Y es éste el pago que merecen las buenas obras que a tu madre hice y de las que te pensaba hacer a ti?" Yo, que me vi en peligro de perder la vida entre las uñas de aquella fiera arpía, sacudíme, y, asiéndole de las luengas faldas de su vientre, la zamarreé y arrastré por todo el patio; ella daba voces que la librasen de los dientes de aquel maligno espíritu.

»Con estas razones de la mala vieja, creyeron los más que yo debía de ser algún demonio de los que tienen ojeriza continua con los buenos cristianos, y unos acudieron a echarme agua bendita, otros no osaban llegar a quitarme, otros daban voces que me conjurasen; la vieja gruñía, yo apretaba los dientes, crecía la confusión, y mi amo, que ya había llegado al ruido, se desesperaba oyendo decir que yo era demonio. Otros, que no sabían de exorcismos, acudieron a tres o cuatro garrotes, con los cuales comenzaron a santiguarme los lomos; escocióme la burla, solté la vieja, y en tres saltos me puse en la calle, y en pocos más salí de la villa, perseguido de una infinidad de muchachos, que iban a grandes voces diciendo: "¡Apártense que rabia el perro sabio!"; otros decían: "¡No rabia, sino que es demonio en figura de perro!" Con este molimiento, a campana herida salí del pueblo, siguiéndome muchos que indubitablemente creyeron que era demonio, así por las cosas que me habían visto hacer como por las palabras que la vieja dijo cuando despertó de su maldito sueño.

»Dime tanta prisa a huir y a quitarme delante de sus ojos, que creyeron que me había desaparecido como demonio: en seis horas anduve doce leguas, y llegué a un rancho de gitanos que estaba en un campo junto a Granada. Allí me reparé un poco, porque algunos de los gitanos me conocieron por el perro sabio, y con no pequeño gozo me acogieron y escondieron en una cueva, porque no me hallasen si fuese buscado; con intención, a lo que después entendí, de ganar conmigo como lo hacía el atambor mi amo. Veinte días estuve con ellos, en los cuales supe y noté su vida y costumbres, que por ser notables es forzoso que te las cuente.»

Cipión   Antes, Berganza, que pases adelante, es bien que reparemos en lo que te dijo la bruja, y averigüemos si puede ser verdad la grande mentira a quien das crédito. Mira, Berganza, grandísimo disparate sería creer que la Camacha mudase los hombres en bestias y que el sacristán en forma de jumento la sirviese los años que dicen que la sirvió. Todas estas cosas y las semejantes son embelecos, mentiras o apariencias del demonio; y si a nosotros nos parece ahora que tenemos algún entendimiento y razón, pues hablamos siendo verdaderamente perros, o estando en su figura, ya hemos dicho que éste es caso portentoso y jamás visto, y que, aunque le tocamos con las manos, no le habemos de dar crédito hasta tanto que el suceso de él nos muestre lo que conviene que creamos. ¿Quiéreslo ver más claro?

Considera en cuán vanas cosas y en cuán tontos puntos dijo la Camacha que consistía nuestra restauración; y aquellas que a ti te deben parecer profecías no son sino palabras de consejas o cuentos de viejas, como aquellos del caballo sin cabeza y de la varilla de virtudes, con que se entretienen al fuego las dilatadas noches del invierno; porque, a ser otra cosa, ya estaban cumplidas, si no es que sus palabras se han de tomar en un sentido que he oído decir se llama alegórico, el cual sentido no quiere decir lo que la letra suena, sino otra cosa que, aunque diferente, le haga semejanza; y así, decir:

Volverán a su forma verdadera
cuando vieren con presta diligencia
derribar los soberbios levantados,
y alzar a los humildes abatidos,
por mano poderosa para hacerlo,

tomándolo en el sentido que he dicho, paréceme que quiere decir que cobraremos nuestra forma cuando viéremos que los que ayer estaban en la cumbre de la rueda de la fortuna, hoy están hollados y abatidos a los pies de la desgracia, y tenidos en poco de aquellos que más los estimaban. Y, asimismo, cuando viéremos que otros que no ha dos horas que no tenían de este mundo otra parte que servir en él de número que acrecentase el de las gentes, y ahora están tan encumbrados sobre la buena dicha que los perdemos de vista; y si primero no parecían por pequeños y encogidos, ahora no los podemos alcanzar por grandes y levantados. Y si en esto consistiera volver nosotros a la forma que dices, ya lo hemos visto y lo vemos a cada paso; por do me doy a entender que no en el sentido alegórico, sino en el literal, se han de tomar los versos de la Camacha; ni tampoco en éste consiste nuestro remedio, pues muchas veces hemos visto lo que dicen y nos estamos tan perros como ves; así que, la Camacha fue burladora falsa, y la Cañizares embustera, y la Montiela tonta, maliciosa y bellaca, con perdón sea dicho, si acaso es nuestra madre de entrambos, o tuya, que yo no la quiero tener por madre. Digo, pues, que el verdadero sentido es un juego de bolos, donde con presta diligencia derriban los que están en pie y vuelven a alzar los caídos, y esto por la mano de quien lo puede hacer. Mira, pues, si en el discurso de nuestra vida habremos visto jugar a los bolos, y si hemos visto por esto haber vuelto a ser hombres, si es que lo somos.

Berganza

Digo que tienes razón, Cipión hermano, y que eres más discreto de lo que pensaba;

y de lo que has dicho vengo a pensar y creer que todo lo que hasta aquí hemos pasado y lo que estamos pasando es sueño, y que somos perros; pero no por esto dejemos de gozar de este bien de la habla que tenemos y de la excelencia tan grande de tener discurso humano todo el tiempo que pudiéremos; y así, no te canse el oírme contar lo que me pasó con los gitanos que me escondieron en la cueva.

Cipión   De buena gana te escucho, por obligarte a que me escuches cuando te cuente, si el cielo fuere servido, los sucesos de mi vida.

Berganza   «La que tuve con los gitanos fue considerar en aquel tiempo sus muchas malicias, sus embaimientos y embustes, los hurtos en que se ejercitan, así gitanas como gitanos, desde el punto casi que salen de las mantillas y saben andar. ¿Ves la multitud que hay de ellos esparcida por España? Pues todos se conocen y tienen noticia los unos de los otros, y trasiegan y trasponen los hurtos de éstos en aquéllos y los de aquéllos en éstos. Dan la obediencia, mejor que a su rey, a uno que llaman Conde, al cual, y a todos los que de él suceden, tienen el sobrenombre de Maldonado; y no porque vengan del apellido de este noble linaje, sino porque un paje de un caballero de este nombre se enamoró de una gitana, la cual no le quiso conceder su amor si no se hacía gitano y la tomaba por mujer. Hízolo así el paje, y agradó tanto a los demás gitanos, que le alzaron por señor y le dieron la obediencia; y, como en señal de vasallaje, le acuden con parte de los hurtos que hacen, como sean de importancia.

»Ocúpanse, por dar color a su ociosidad, en labrar cosas de hierro, haciendo instrumentos con que facilitan sus hurtos; y así, los verás siempre traer a vender por las calles tenazas, barrenas, martillos; y ellas, trébedes y badiles. Todas ellas son parteras, y en esto llevan ventaja a las nuestras, porque sin costa ni adherentes sacan sus partos a luz, y lavan las criaturas con agua fría en naciendo; y, desde que nacen hasta que mueren, se curten y muestran a sufrir las inclemencias y rigores del cielo; y así, verás que todos son alentados, volteadores, corredores y bailadores. Cásanse siempre entre ellos, porque no salgan sus malas costumbres a ser conocidas de otros; ellas guardan el decoro a sus maridos, y pocas hay que les ofendan con otros que no sean de su generación. Cuando piden limosna, más la sacan con invenciones y chocarrerías que con devociones; y, a título que no hay quien se fíe de ellas, no sirven y dan en ser holgazanas. Y pocas o ninguna vez he visto, si mal no me acuerdo, ninguna gitana a pie de altar comulgando, puesto que muchas veces he entrado en las iglesias.

»Son sus pensamientos imaginar cómo han de engañar y dónde han de hurtar; confieren sus hurtos y el modo que tuvieron en hacerlos; y así, un día contó un gitano delante de mí a otros un engaño y hurto que un día había hecho a un labrador, y fue que el gitano tenía un asno rabón, y en el pedazo de la cola que tenía sin cerdas le ingirió otra peluda, que parecía ser suya natural. Sacóle al mercado, comprósele un labrador por diez ducados, y, en habiéndosele vendido y cobrado el dinero, le dijo que si quería comprarle otro asno hermano del mismo, y tan bueno como el que llevaba, que se le vendería por más buen precio. Respondióle el labrador que fuese por él y le trajese, que él se le compraría, y que en tanto que volviese llevaría el comprado a su posada. Fuese el labrador, siguióle el gitano, y sea como sea, el gitano tuvo maña de hurtar al labrador el asno que le había vendido, y al mismo instante le quitó la cola postiza y quedó con la suya pelada. Mudóle la albarda y jáquima, y atrevióse a ir a buscar al labrador para que se le comprase, y hallóle antes que hubiese echado menos el asno primero, y a pocos lances compró el segundo. Fuésele a pagar a la posada, donde halló menos la bestia a la bestia; y, aunque lo era mucho, sospechó que el gitano se le había hurtado, y no quería pagarle. Acudió el gitano por testigos, y trajo a los que habían cobrado la alcabala del primer jumento, y juraron que el gitano había vendido al labrador un asno con una cola muy larga y muy diferente del asno segundo que vendía. A todo esto se halló presente un alguacil, que hizo las partes del gitano con tantas veras que el labrador hubo de pagar el asno dos veces. Otros muchos hurtos contaron, y todos, o los más, de bestias, en quien son ellos graduados y en lo que más se ejercitan. Finalmente, ella es mala gente, y, aunque muchos y muy prudentes jueces han salido contra ellos, no por eso se enmiendan.

»A cabo de veinte días, me quisieron llevar a Murcia; pasé por Granada, donde ya estaba el capitán, cuyo atambor era mi amo. Como los gitanos lo supieron, me encerraron en un aposento del mesón donde vivían; oíles decir la causa, no me pareció bien el viaje que llevaban, y así, determiné soltarme, como lo hice; y, saliéndome de Granada, di en una huerta de un morisco, que me acogió de buena voluntad, y yo quedé con mejor, pareciéndome que no me querría para más de para

96

guardarle la huerta: oficio, a mi cuenta, de menos trabajo que el de guardar ganado. Y, como no había allí altercar sobre tanto más cuanto al salario, fue cosa fácil hallar el morisco criado a quien mandar y yo amo a quien servir. Estuve con él más de un mes, no por el gusto de la vida que tenía, sino por el que me daba saber la de mi amo, y por ella la de todos cuantos moriscos viven en España.»

¡Oh cuántas y cuáles cosas te pudiera decir, Cipión amigo, de esta morisca canalla, si no temiera no poderlas dar fin en dos semanas! Y si las hubiera de particularizar, no acabara en dos meses; mas, en efecto, habré de decir algo; y así, oye en general lo que yo vi y noté en particular de esta buena gente.

»Por maravilla se hallará entre tantos uno que crea derechamente en la sagrada ley cristiana; todo su intento es acuñar y guardar dinero acuñado, y para conseguirle trabajan y no comen; en entrando el real en su poder, como no sea sencillo, le condenan a cárcel perpetua y a oscuridad eterna; de modo que, ganando siempre y gastando nunca, llegan y amontonan la mayor cantidad de dinero que hay en España. Ellos son su hucha, su polilla, sus picazas y sus comadrejas; todo lo llegan, todo lo esconden y todo lo tragan. Considérese que ellos son muchos y que cada día ganan y esconden, poco o mucho, y que una calentura lenta acaba la vida como la de un tabardillo; y, como van creciendo, se van aumentando los escondedores, que crecen y han de crecer en infinito, como la experiencia lo muestra. Entre ellos no hay castidad, ni entran en religión ellos ni ellas: todos se casan, todos multiplican, porque el vivir sobriamente aumenta las causas de la generación. No los consume la guerra, ni ejercicio que demasiadamente los trabaje; róbannos a pie quedo, y con los frutos de nuestras heredades, que nos revenden, se hacen ricos. No tienen criados, porque todos lo son de sí mismos; no gastan con sus hijos en los estudios, porque su ciencia no es otra que la del robarnos. De los doce hijos de Jacob que he oído decir que entraron en Egipto, cuando los sacó Moisés de aquel cautiverio, salieron seiscientos mil varones, sin niños y mujeres. De aquí se podrá inferir lo que multiplicarán las de éstos, que, sin comparación, son en mayor número.»

Cipión Buscado se ha remedio para todos los daños que has apuntado y bosquejado en sombra: que bien sé que son más y mayores los que callas que los que cuentas, y hasta ahora no se ha dado con el que conviene; pero celadores prudentísimos tiene nuestra república que, considerando que España cría y tiene en su seno tantas víboras como moriscos, ayudados de Dios, hallarán a tanto daño cierta, presta y segura salida. Di adelante.

Berganza   «Como mi amo era mezquino, como lo son todos los de su casta, sustentábame con pan de mijo y con algunas sobras de zahínas, común sustento suyo; pero esta miseria me ayudó a llevar el cielo por un modo tan extraño como el que ahora oirás.

»Cada mañana, juntamente con el alba, amanecía sentado al pie de un granado, de muchos que en la huerta había, un mancebo, al parecer estudiante, vestido de bayeta, no tan negra ni tan peluda que no pareciese parda y tundida. Ocupábase en escribir en un cartapacio y de cuando en cuando se daba palmadas en la frente y se mordía las uñas, estando mirando al cielo; y otras veces se ponía tan imaginativo, que no movía pie ni mano, ni aun las pestañas: tal era su embelesamiento. Una vez me llegué junto a él, sin que me echase de ver; oíle murmurar entre dientes, y al cabo de un buen espacio dio una gran voz, diciendo: "¡Vive el Señor, que es la mejor octava que he hecho en todos los días de mi vida!" Y, escribiendo aprisa en su cartapacio, daba muestras de gran contento; todo lo cual me dio a entender que el desdichado era poeta. Hícele mis acostumbradas caricias, por asegurarle de mi mansedumbre; echéme a sus pies, y él, con esta seguridad, prosiguió en sus pensamientos y tornó a rascarse la cabeza y a sus arrobos, y a volver a escribir lo que había pensado. Estando en esto, entró en la huerta otro mancebo, galán y bien aderezado, con unos papeles en la mano, en los cuales de cuando en cuando leía. Llegó donde estaba el primero y díjole: "¿Habéis acabado la primera jornada?" "Ahora le di fin —respondió el poeta—, la más gallardamente que imaginarse puede." "¿De qué manera?", preguntó el segundo. "De ésta —respondió el primero—: Sale Su Santidad del Papa vestido de pontifical, con doce cardenales, todos vestidos de morado, porque cuando sucedió el caso que cuenta la historia de mi comedia era tiempo de *mutatio caparum*, en el cual los cardenales no se visten de rojo, sino de morado; y así, en todas maneras conviene, para guardar la propiedad, que estos mis cardenales salgan de morado; y éste es un punto que hace mucho al caso para la comedia; y a buen seguro dieran en él, y así hacen a cada paso mil impertinencias y disparates. Yo no he podido errar en esto, porque he leído todo el ceremonial romano, por solo acertar en estos vestidos." "Pues ¿de dónde queréis vos —replicó el otro— que tenga mi autor vestidos morados para doce cardenales?" "Pues si me quita uno tan solo —respondió el poeta—, así le daré yo mi comedia como volar. ¡Cuerpo de tal! ¿Esta apariencia tan grandiosa se ha de perder? Imaginad vos desde aquí lo que parecerá en un teatro un Sumo Pontífice con doce graves cardenales y con otros ministros de acompañamiento que forzosamente han de traer consigo. ¡Vive el cielo, que sea uno de los mayores y más altos espectáculos que se haya visto en comedia, aunque sea la del Ramillete de Daraja!"

»Aquí acabé de entender que el uno era poeta y el otro comediante. El comediante aconsejó al poeta que cercenase algo de los cardenales, si no quería imposibilitar al autor el hacer la comedia. A lo que dijo el poeta que le agradeciesen que no había puesto todo el cónclave que se halló junto al acto memorable que pretendía traer a la memoria de las gentes en su felicísima comedia. Rióse el recitante y dejóle en su ocupación por irse a la suya, que era estudiar un papel de una comedia nueva. El poeta, después de haber escrito algunas coplas de su magnífica comedia, con mucho sosiego y espacio sacó de la faldriquera algunos mendrugos de pan y obra de veinte pasas, que, a mi parecer, entiendo que se las conté, y aun estoy en duda si eran tantas, porque juntamente con ellas hacían bulto ciertas migajas de pan que las acompañaban. Sopló y apartó las migajas, y una a una se comió las pasas y los palillos, porque no le vi arrojar ninguno, ayudándolas con los mendrugos, que morados con la borra de la faldriquera, parecían mohosos, y eran tan duros de condición que, aunque él procuró enternecerlos, paseándolos por la boca una y muchas veces, no fue posible moverlos de su terquedad; todo lo cual redundó en mi provecho, porque me los arrojó, diciendo: "¡To, to! Toma, que buen provecho te hagan." "¡Mirad —dije entre mí— qué néctar o ambrosía me da este poeta, de los que ellos dicen que se mantienen los dioses y su Apolo allá en el cielo!" En fin, por la mayor parte, grande es la miseria de los poetas, pero mayor era mi necesidad, pues me obligó a comer lo que él desechaba. En tanto que duró la composición de su comedia, no dejó de venir a la huerta ni a mí me faltaron mendrugos, porque los repartía conmigo con mucha liberalidad, y luego nos íbamos a la noria, donde, yo de bruces y él con un cangilón, satisfacíamos la sed como unos monarcas. Pero faltó el poeta y sobró en mí la hambre tanto, que determiné dejar al morisco y entrarme en la ciudad a buscar ventura, que la halla el que se muda.

»Al entrar de la ciudad vi que salía del famoso monasterio de San Jerónimo mi poeta, que como me vio se vino a mí con los brazos abiertos, y yo me fui a él con nuevas muestras de regocijo por haberle hallado. Luego, al instante comenzó a desembaular pedazos de pan, más tiernos de los que solía llevar a la huerta, y a entregarlos a mis dientes sin repasarlos por los suyos: merced que con nuevo gusto satisfizo mi hambre. Los tiernos mendrugos, y el haber visto salir a mi poeta del monasterio dicho, me pusieron en sospecha de que tenía las musas vergonzantes, como otros muchos las tienen.

»Encaminóse a la ciudad, y yo le seguí con determinación de tenerle por amo si él quisiese, imaginando que de las sobras de su castillo se podía mantener mi real; porque no hay mayor ni mejor bolsa que la de la caridad, cuyas liberales manos jamás están pobres; y así, no estoy bien con aquel refrán que dice: «Más da el duro que el desnudo», como si el duro y avaro diese algo, como lo da el liberal desnudo, que, en efecto, da el buen deseo cuando más no tiene. De lance en lance, paramos en la casa de un autor de comedias que, a lo que me acuerdo, se llamaba Angulo el Malo, [...] de otro Angulo, no autor, sino representante, el más gracioso que entonces tuvieron y ahora tienen las comedias. Juntóse toda la compañía a oír la comedia de mi amo, que ya por tal le tenía; y, a la mitad de la Jornada primera, uno a uno y dos a dos, se fueron saliendo todos, excepto el autor y yo, que servíamos de oyentes. La comedia era tal, que, con ser yo un asno en esto de la poesía, me pareció que la había compuesto el mismo Satanás, para total ruina y perdición del mismo poeta, que ya iba tragando saliva, viendo la soledad en que el auditorio le había dejado; y no era mucho, si el alma, présaga, le decía allá dentro la desgracia que le estaba amenazando, que fue volver todos los recitantes, que pasaban de doce, y, sin hablar palabra, asieron de mi poeta, y si no fuera porque la autoridad del autor, llena de ruegos y voces, se puso de por medio, sin duda le mantearan. Quedé yo del caso pasmado; el autor, desabrido; los farsantes, alegres, y el poeta, mohíno; el cual, con mucha paciencia, aunque algo torcido el rostro, tomó su comedia, y, encerrándosela en el seno, medio murmurando, dijo: "No es bien echar las margaritas a los puercos." Y con esto se fue con mucho sosiego.

»Yo, de corrido, ni pude ni quise seguirle; y acertélo, a causa que el autor me hizo tantas caricias que me obligaron a que con él me quedase, y en menos de un mes salí grande entremesista y gran farsante de figuras mudas. Pusiéronme un freno de orillos y enseñáronme a que arremetiese en el teatro a quien ellos querían; de modo que, como los entremeses solían acabar por la mayor parte en palos, en la compañía de mi amo acababan en zuzarme, y yo derribaba y atropellaba a todos, con que daba que reír a los ignorantes y mucha ganancia a mi dueño.»

¡Oh Cipión, quién te pudiera contar lo que vi en ésta y en otras dos compañías de comediantes en que anduve! Mas, por no ser posible reducirlo a narración sucinta y breve, lo habré de dejar para otro día, si es que ha de haber otro día en que nos comuniquemos ¿Ves cuán larga ha sido mi plática? ¿Ves mis muchos y diversos sucesos? ¿Consideras mis caminos y mis amos tantos? Pues todo lo que has oído es nada, comparado a lo que te pudiera contar de lo que noté, averigüé y vi de esta gente: su proceder, su vida, sus costumbres, sus ejercicios, su trabajo, su ociosidad, su ignorancia y su agudeza, con otras infinitas cosas: unas para decirse al oído y otras para aclamarlas en público, y todas para hacer memoria de ellas y para desengaño de muchos que idolatran en figuras fingidas y en bellezas de artificio y de transformación.

Cipión   Bien se me trasluce, Berganza, el largo campo que se te descubría para dilatar tu plática, y soy de parecer que la dejes para cuento particular y para sosiego no sobresaltado.

Berganza   Sea así, y escucha.
»Con una compañía llegué a esta ciudad de Valladolid, donde en un entremés me dieron una herida que me llegó casi al fin de la vida; no pude vengarme, por estar enfrenado entonces, y después, a sangre fría, no quise: que la venganza pensada arguye crueldad y mal ánimo. Cansóme aquel ejercicio, no por ser trabajo, sino porque veía en él cosas que juntamente pedían enmienda y castigo; y, como a mí estaba más el sentirlo que el remediarlo, acordé de no verlo; y así, me acogí a sagrado, como hacen aquellos que dejan los vicios cuando no pueden ejercitarlos, aunque más vale tarde que nunca. Digo, pues, que, viéndote una noche llevar la linterna con el buen cristiano Mahudes, te consideré contento y justa y santamente ocupado; y lleno de buena envidia quise seguir tus pasos, y con esta loable intención me puse delante de Mahudes,

que luego me eligió para tu compañero y me trajo a este hospital. Lo que en él me ha sucedido no es tan poco que no haya menester espacio para contarlo, especialmente lo que oí a cuatro enfermos que la suerte y la necesidad trajo a este hospital, y a estar todos cuatro juntos en cuatro camas apareadas.»

Perdóname, porque el cuento es breve, y no sufre dilación, y viene aquí de molde.

Cipión

Sí perdono. Concluye, que, a lo que creo, no debe de estar lejos el día.

Berganza

«Digo que en las cuatro camas que están al cabo de esta enfermería, en la una estaba un alquimista, en la otra un poeta, en la otra un matemático y en la otra uno de los que llaman arbitristas.»

Cipión

Ya me acuerdo haber visto a esa buena gente.

Berganza

«Digo, pues, que una siesta de las del verano pasado, estando cerradas las ventanas y yo cogiendo el aire debajo de la cama del uno de ellos, el poeta se comenzó a quejar lastimosamente de su fortuna, y, preguntándole el matemático de qué se quejaba, respondió que de su corta suerte. "¿Cómo, y no será razón que me queje —prosiguió—, que, habiendo yo guardado lo que Horacio manda en su Poética, que no salga a luz la obra que, después de compuesta, no hayan pasado diez años por ella, y que tenga yo una de veinte años de ocupación y doce de pasante, grande en el sujeto, admirable y nueva en la invención, grave en el verso, entretenida en los episodios, maravillosa en la división, porque el principio responde al medio y al fin, de manera que constituyen el poema alto, sonoro, heroico, deleitable y sustancioso; y que, con todo esto, no hallo un príncipe a quien dirigirle? Príncipe, digo, que sea inteligente, liberal y magnánimo. ¡Mísera edad y depravado siglo nuestro!" "¿De qué trata el libro?", preguntó el alquimista. Respondió el poeta: "Trata de lo que dejó de escribir el Arzobispo Turpín del Rey Artús de Inglaterra, con otro suplemento de la Historia de la demanda del Santo Brial, y todo en verso heroico, parte en octavas y parte en verso suelto; pero todo esdrújulamente, digo en esdrújulos de nombres sustantivos, sin admitir verbo alguno." "A mí —respondió el alquimista poco se me entiende de poesía; y así, no sabré poner en su punto la desgracia de que vuesa merced se queja, puesto que, aunque fuera mayor, no se igualaba a la mía, que es que, por faltarme instrumento, o un príncipe que me apoye y me dé a la mano los requisitos que la ciencia de la alquimia pide, no estoy ahora manando en oro y con más riquezas que los Midas, que los Crasos y Cresos." "¿Ha hecho vuesa merced —dijo a esta sazón el matemático—, señor alquimista, la experiencia de sacar plata de otros metales?" "Yo —respondió el alquimista— no la he sacado hasta agora, pero realmente sé que se saca, y a mí no me faltan dos meses para acabar la piedra filosofal, con que se puede hacer plata y oro de las mismas piedras." "Bien han exagerado vuesas mercedes sus desgracias —dijo a esta sazón el matemático—; pero, al fin, el uno tiene libro que dirigir y el otro está en potencia propincua de sacar la piedra filosofal; más, ¿qué diré yo de la mía, que es tan sola que no tiene dónde arrimarse? Veinte y dos años ha que ando tras hallar el punto fijo, y aquí lo dejo y allí lo tomo; y, pareciéndome que ya lo he hallado y que no se me puede escapar en ninguna manera, cuando no me cato, me hallo tan lejos de él, que me admiro. Lo mismo me acaece con la cuadratura del círculo: que he llegado tan al remate de hallarla, que no sé ni puedo pensar cómo no la tengo ya en la faldriquera; y así, es mi pena semejante a las de Tántalo, que está cerca del fruto y muere de hambre, y propincuo al agua y perece de sed. Por momentos pienso dar en la coyuntura de la verdad, y por minutos me hallo tan lejos de ella, que vuelvo a subir el monte que acabé de bajar, con el canto de mi trabajo a cuestas, como otro nuevo Sísifo."

»Había hasta este punto guardado silencio el arbitrista, y aquí le rompió diciendo: "Cuatro quejosos tales que lo pueden ser del Gran Turco ha juntado en este hospital la pobreza, y reniego yo de oficios y ejercicios que ni entretienen ni dan de comer a sus dueños. Yo, señores, soy arbitrista, y he dado a Su Majestad en diferentes tiempos muchos y diferentes arbitrios, todos en provecho suyo y sin daño del reino; y ahora tengo hecho un memorial donde le suplico me señale persona con quien comunique un nuevo arbitrio que tengo: tal, que ha de ser la total restauración de sus empeños; pero, por lo que me ha sucedido con otros memoriales, entiendo que éste también ha de parar en el carnero. Mas, porque vuesas mercedes no me tengan por mentecato, aunque mi arbitrio quede desde este punto público, le quiero decir, que es éste: Hase de pedir en Cortes que todos los vasallos de Su Majestad, desde edad de catorce a sesenta años, sean obligados a ayunar una vez en el mes a pan y agua, y esto ha de ser el día que se escogiere y señalare, y que todo el gasto que en otros condumios de fruta, carne y pescado, vino, huevos y legumbres que han de gastar aquel día, se reduzca a dinero, y se dé a Su Majestad, sin defraudarle un ardite, so cargo de juramento; y con esto, en veinte años queda libre de socaliñas y desempeñado. Porque si se hace la cuenta, como yo la tengo hecha, bien hay en España más de tres millones de personas de la dicha edad, fuera de los enfermos, más viejos o más muchachos, y ninguno de éstos dejará de gastar, y esto contado al menorete, cada día real y medio; y yo quiero que sea no más de un real, que no puede ser menos, aunque coma alholvas. Pues ¿paréceles a vuesas mercedes que sería barro tener cada mes tres millones de reales como ahechados? Y esto antes sería provecho que daño a los ayunantes, porque con el ayuno agradarían al cielo y servirían a su Rey; y tal podría ayunar que le fuese conveniente para su salud. Este es arbitrio limpio de polvo y de paja, y podríase coger por parroquias, sin costa de comisarios, que destruyen la república." Riyéronse todos del arbitrio y del arbitrante, y él también se riyó de sus disparates; y yo quedé admirado de haberlos oído y de ver que, por la mayor parte, los de semejantes humores venían a morir en los hospitales.»

Cipión	Tienes razón, Berganza. Mira si te queda más que decir.
Berganza	Dos cosas no más, con que daré fin a mi plática, que ya me parece que viene el día. »Yendo una noche mi mayor a pedir limosna en casa del corregidor de esta ciudad, que es un gran caballero y muy gran cristiano, hallámosle solo; y parecióme a mí tomar ocasión de aquella soledad para decirle ciertos advertimientos que había oído decir a un viejo enfermo de este hospital, acerca de cómo se podía remediar la perdición tan notoria de las mozas vagamundas, que por no servir dan en malas, y tan malas, que pueblan los veranos todos los hospitales de los perdidos que las siguen: plaga intolerable y que pedía presto y eficaz remedio. Digo que, queriendo decírselo, alcé la voz, pensando que tenía habla, y en lugar de pronunciar razones concertadas ladré con tanta prisa y con tan levantado tono que, enfadado el corregidor, dio voces a sus criados que me echasen de la sala a palos; y un lacayo que acudió a la voz de su señor, que fuera mejor que por entonces estuviera sordo, asió de una cantimplora de cobre que le vino a la mano, y diómela tal en mis costillas, que hasta ahora guardo las reliquias de aquellos golpes.»

Cipión	Y ¿quéjaste de eso, Berganza?
Berganza	Pues ¿no me tengo de quejar, si hasta ahora me duele, como he dicho, y si me parece que no merecía tal castigo mi buena intención?
Cipión	Mira, Berganza, nadie se ha de meter donde no le llaman, ni ha de querer usar del oficio que por ningún caso le toca. Y has de considerar que nunca el consejo del pobre, por bueno que sea, fue admitido, ni el pobre humilde ha de tener presunción de aconsejar a los grandes y a los que piensan que se lo saben todo. La sabiduría en el pobre está asombrada; que la necesidad y miseria son las sombras y nubes que la oscurecen, y si acaso se descubre, la juzgan por tontedad y la tratan con menosprecio.
Berganza	Tienes razón, y, escarmentando en mi cabeza, de aquí adelante seguiré tus consejos.

«Entré asimismo otra noche en casa de una señora principal, la cual tenía en los brazos una perrilla de estas que llaman de falda, tan pequeña que la pudiera esconder en el seno; la cual, cuando me vio, saltó de los brazos de su señora y arremetió a mí ladrando, y con tan gran denuedo, que no paró hasta morderme de una pierna. Volvíla a mirar con respecto y con enojo, y dije entre mí: "Si yo os cogiera, animalejo ruin, en la calle, o no hiciera caso de vos o os hiciera pedazos entre los dientes." Consideré en ella que hasta los cobardes y de poco ánimo son atrevidos e insolentes cuando son favorecidos, y se adelantan a ofender a los que valen más que ellos.»

Cipión   Una muestra y señal de esa verdad que dices nos dan algunos hombrecillos que a la sombra de sus amos se atreven a ser insolentes; y si acaso la muerte o otro accidente de fortuna derriba el árbol donde se arriman, luego se descubre y manifiesta su poco valor; porque, en efecto, no son de más quilates sus prendas que los que les dan sus dueños y valedores. La virtud y el buen entendimiento siempre es una y siempre es uno: desnudo o vestido, solo o acompañado. Bien es verdad que puede padecer acerca de la estimación de las gentes, mas no en la realidad verdadera de lo que merece y vale. Y, con esto, pongamos fin a esta plática, que la luz que entra por estos resquicios muestra que es muy entrado el día, y esta noche que viene, si no nos ha dejado este grande beneficio de la habla, será la mía, para contarte mi vida.

Berganza   Sea ansí, y mira que acudas a este mismo puesto.

Libros a la carta

A la carta es un servicio especializado para
empresas,
librerías,
bibliotecas,
editoriales
y centros de enseñanza;
y permite confeccionar libros que, por su formato y concepción, sirven a los propósitos más específicos de estas instituciones.

Las empresas nos encargan ediciones personalizadas para marketing editorial o para regalos institucionales. Y los interesados solicitan, a título personal, ediciones antiguas, o no disponibles en el mercado; y las acompañan con notas y comentarios críticos.

Las ediciones tienen como apoyo un libro de estilo con todo tipo de referencias sobre los criterios de tratamiento tipográfico aplicados a nuestros libros que puede ser consultado en Linkgua-ediciones.com.

Linkgua edita por encargo diferentes versiones de una misma obra con distintos tratamientos ortotipográficos (actualizaciones de carácter divulgativo de un clásico, o versiones estrictamente fieles a la edición original de referencia).

Este servicio de ediciones a la carta le permitirá, si usted se dedica a la enseñanza, tener una forma de hacer pública su interpretación de un texto y, sobre una versión digitalizada «base», usted podrá introducir interpretaciones del texto fuente. Es un tópico que los profesores denuncien en clase los desmanes de una edición, o vayan comentando errores de interpretación de un texto y ésta es una solución útil a esa necesidad del mundo académico.

Asimismo publicamos de manera sistemática, en un mismo catálogo, tesis doctorales y actas de congresos académicos, que son distribuidas a través de nuestra Web.

El servicio de «libros a la carta» funciona de dos formas.

1. Tenemos un fondo de libros digitalizados que usted puede personalizar en tiradas de al menos cinco ejemplares. Estas personalizaciones pueden ser de todo tipo: añadir notas de clase para uso de un grupo de estudiantes, introducir logos corporativos para uso con fines de marketing empresarial, etc. etc.

2. Buscamos libros descatalogados de otras editoriales y los reeditamos en tiradas cortas a petición de un cliente.